19 Sep. 91

COMMENT ÇA VA?

LES ENFANTS
de 0 à 16 ans

LES ÉDITIONS QUEBECOR
une division de Groupe Quebecor inc.
4435, boul. des Grandes Prairies
Montréal (Québec)
H1R 3N4

Distribué par : Québec Livres

© 1991, Les Éditions Quebecor, Idéacom inc.
Dépôt légal, 3e trimestre 1991

Bibliothèque nationale du Québec
Bibliothèque nationale du Canada
ISBN : 2-89089-855-5

Conception graphique : Ghislain Bussières
Photographie de la page couverture : Guy Tardif
Illustrations de l'intérieur : Bizier et Bouchard
Rédaction : Monique Dézy-Proulx
Révision : Dr Alain Poirier, Dr Julie Loignon, Dr Claude
Paré et Christiane Fabiani
Correction d'épreuves : Sylvie Massariol, Vincent Roy,
Dr Julie Loignon et Dr Claude Paré

Impression : Imprimerie l'Éclaireur

textes
Monique Désy-Proulx

COMMENT ÇA VA ?

LES ENFANTS
de 0 à 16 ans

Les Éditions Québecor

AVANT-PROPOS

Lorsque la maison de production Idéacom a proposé à la Société Radio-Canada la série *Comment ça va?* quelques-uns, dans la Grande Tour, ont dû manifester un certain scepticisme. En effet, il n'était pas évident au départ qu'une émission destinée à promouvoir la santé et les habitudes de vie passerait aussi bien le test du petit écran et joindrait, en moyenne, trois quarts de million de spectateurs par semaine!

Cette réussite extraordinaire, on la doit principalement au caractère dynamique et innovateur de l'émission. Plutôt que de faire intervenir en studio des spécialistes de la santé, on a mis ces derniers en situation, dans la vie quotidienne. Profondément engagés dans le tournage des émissions, ils sont devenus les principaux acteurs de leurs propres chroniques, maniant humour et simplicité avec la décontraction de communicateurs chevronnés.

En cette fin du XXe siècle, où l'on cherche tous à vivre mieux et plus longtemps, on ne peut qu'être séduit par une telle émission. Par sa formule d'abord, qui regroupe de courtes chroniques données par différents professionnels de la santé. Ensuite, par sa facture télévisuelle très soignée, où chaque sujet est tourné dans un décor différent. Enfin, parce que *Comment ça va?* correspond aux valeurs profondes de son époque. Au cours des trois premières saisons, 86 demi-heures ont été diffusées, ce qui équivaut à... 520 sujets. Ceux-ci ont été présentés en vrac, du moins en apparence. En fait, ils étaient liés par une cohésion profonde, tant par rapport aux différents groupes d'âge auxquels ils s'adressent que par la nature des questions abordées : alimentation, conditionnement physique, soins dentaires, santé mentale, petits maux de tous les jours, pharmacologie, etc.

Il a donc semblé utile de regrouper dans un même ouvrage toutes les chroniques portant sur les enfants de la naissance à la fin de l'adolescence, et de l'offrir aux parents. Comme les différentes rubriques traitées dans le présent recueil s'inspirent directement des rapports préparés par les recherchistes de *Comment ça va?* le lecteur trouvera ici un **supplément** d'information qui ne pouvait entrer dans le cadre nécessairement plus restreint d'une émission de télévision. D'où un luxe de détails et d'angles nouveaux qui permettent d'aller encore plus en profondeur.

Les parents d'enfants et d'adolescents y trouveront une mine de renseignements précieux qui les aideront à accompagner leurs jeunes dans leur cheminement.

PRÉFACE

L'émission *Comment ça va?* étonne! D'abord parce que la télévision n'est pas tellement accoutumée à poser des questions; elle a plutôt l'habitude de répondre aux interrogations. *Comment ça va?* traite davantage de santé et de ce qu'il faut pour la préserver qu'elle ne nous parle de maladies et de soins. Elle présente des professionnels de la santé qui deviendront tout à coup accessibles et familiers, comme ces personnages de téléromans qui atterrissent chaque semaine dans nos salons. L'information qu'elle nous livre a beau paraître toute simple, elle s'appuie sur les dernières recherches des chroniqueurs, sur le soutien constant d'un comité scientifique, sur une équipe de rédaction et de production toujours à l'affût d'une formule originale.

Dès ses débuts en ondes, à l'automne 1988, l'émission *Comment ça va?* a choisi de faire réfléchir, en se donnant pour mission de promouvoir la santé et en choisissant, pour ce faire, de frapper l'imagination populaire.

COMMENT ÇA VA?

La série de livres *Comment ça va?* est un prolongement de cette mission. La trilogie complète, *Comment ça va les enfants?, Comment ça va les adultes?* et *Comment ça va l'alimentation?* permettra de rafraîchir un peu notre mémoire et de retrouver, dans un style tout aussi agréable, l'information diffusée depuis trois ans sur le petit écran.

Ni ce livre, ni l'émission ne remplacent bien sûr le professionnel de la santé. À lui seul, le livre ne couvrira pas tous les sujets importants pour garder la santé; le ferait-il qu'il ne suffirait pas à faire du lecteur un être en santé! Mais à la façon de l'émission qui emprunte au téléroman, ce livre rappellera parfois la technique du roman et certains apprécieront sa lecture systématique. D'autres voudront le consulter comme une encyclopédie médicale, ce à quoi il ne prétend pas, car il est loin d'être exhaustif. En fait, si l'équipe de *Comment ça va?* n'a pu couvrir qu'un nombre limité de sujets, ceux qui ont été traités dans le présent ouvrage ont par contre été retenus pour leur intérêt et leur possibilité de fournir des solutions pratiques.

Non seulement la rédaction de madame Monique Désy-Proulx conserve-t-elle le contenu scientifique de l'émission *Comment ça va?* tel que fourni par les chroniqueurs, mais encore sa rédaction fait-t-elle aussi intervenir les préoccupations d'une famille que nous apprenons à mieux connaître au fil des pages. Ce premier livre rassemble la majorité des chroniques ayant touché à l'univers de l'enfance, depuis la naissance jusqu'à la fin de l'adolescence.

PRÉFACE

Le département de pédiatrie de la faculté de médecine de l'Université de Sherbrooke a aimablement accepté de participer à la révision scientifique de ce premier ouvrage. Les docteurs Claude Paré et Julie Loignon ont été particulièrement sollicités par la pression de nos échéances. Nous les en remercions sincèrement.

Bonne lecture et à votre santé!

Alain Poirier, M.D.

TABLE DES MATIÈRES

REMERCIEMENTS

Des remerciements sincères aux nombreuses personnes et organismes qui, à divers titres, ont permis qu'une série telle que *Comment ça va?* voit le jour et continue d'exister...

Plus particulièrement pour la réalisation de cet ouvrage aux chroniqueurs-recherchistes de la série : Donald Allard, pharmacien; Marie-Dominique Beaulieu, M.D.; Lucie Beaupré, M.D.; Jean-François Chicoine, M.D.; Gilles Delisle, psychologue; Louis Gagnon, M.D.; Pierre-Marc Johnson; Hélène Laurendeau, diététiste; Jacques Moreau, psychologue; Danielle Perreault, M.D.; Alain Poirier, M.D.; Roger-Michel Poirier, psychiatre; Marie-Ève Renaud, éducatrice physique; Johanne Salvail, infirmière; Diane Vachon, dentiste.

Des remerciements aussi au comité scientifique composé de Pierre Ducharme, pharmacien; Daniel Gagnon, sécurité routière; Guy Gagnon, spécialiste de l'environnement; Luc Granger, psychologue; Brigitte Junius; Élaine J. Lacaille, B. Pharm.;

COMMENT ÇA VA?

Marielle Ledoux, diététiste professionnelle ou Ph.D. nutrition; Robert L'Heureux, dentiste; Danielle Marcoux, M.D.; Monique Michaud, dentiste; Marie-Josée Paquin, inf.; Gilles Pineau, M.D.; Claire Posen, spécialiste du troisième âge; Marie-France Raynault, M.D.; Johanne Sabourin, physiothérapeute; Sylvie Stachenko, M.D.; Guy Thibault, Ph.D. spécialiste en éducation physique.

Un grand merci aussi à la rédactrice en chef de la série, la journaliste Nicole Gravel et aux journalistes-recherchistes Françoise Guénette, Dominique Langelier, Marjolaine Lord et Denise Lord.

Par ailleurs, la série de télévision *Comment ça va?* n'aurait pu voir le jour sans la participation pécuniaire d'un partenariat d'entreprises publiques et privées. Encore merci. Gouvernement du Canada, Santé et Bien-être social, Secrétariat du Troisième Âge — Les aîné(e)s, Condition physique et Sport amateur; Gouvernement du Québec, Santé et Services sociaux, Société de l'assurance automobile du Québec, Hydro-Québec; Corporation professionnelle des médecins du Québec, Corporation professionnelle des psychologues du Québec, Corporation professionnelle des physiothérapeutes du Québec, Fédération des médecins omnipraticiens du Québec, Fédération des médecins spécialistes du Québec, Ordre des dentistes du Québec, Ordre des pharmaciens du Québec, Ordre des infirmières et infirmiers du Québec; Les Supermarchés Provigo, L'Oréal, Grissol et la Société Radio-Canada.

Enfin, des remerciements vont bien sûr à l'auteure du présent ouvrage, Monique Désy-Proulx,

REMERCIEMENTS

qui a fait la synthèse de la volumineuse documentation et qui a su transposer dans l'écrit le style éminemment télévisuel de *Comment ça va?* et aux docteurs Claude Paré et Julie Loignon qui l'ont révisé minutieusement.

CHAPITRE 1

Une grande famille

Aujourd'hui presque toute la famille est réunie à la campagne, autour de grand-papa et de grand-maman, pour célébrer l'anniversaire de Denis, l'aîné, qui a trente-cinq ans cette année.

Denis est venu avec ses deux enfants, Virginie et Arthur. Depuis deux ans, ils vivent la moitié du temps chez leur père et la moitié du temps chez leur mère, Françoise. Ils auraient bien aimé que leurs parents continuent à s'aimer pour toujours, mais que voulez-vous... c'est la vie! De toute façon, ils sont contents d'avoir deux maisons; ça fait changement parfois.

Hélène et Marie-Claire, les deux soeurs de Denis, sont aussi de la fête avec leurs enfants. Hélène est bien encombrée ce jour-là avec ses trois petits, le parc pour faire dormir le dernier pendant l'après-midi, les couches et les maillots de bain dans un sac, les vélos dans le coffre de la voiture... Ouf! Quelle randonnée! Surtout que Richard, son mari, ne sera

pas là avant demain, de retour d'une semaine au Mexique où il assistait à un congrès. Sophie, Martin et Antoine envahissent l'immense jardin de leurs grands-parents où il y a tant à voir : des centaines de fleurs, un jardin potager, plein de cabanes à oiseaux, une énorme balançoire et au fond, la forêt... De plus, leurs cousins sont là, merveilleux complices de ces journées à la campagne. Comment ne pas être heureux en pareille circonstance?

La fille de Marie-Claire est un peu plus âgée. Marianne a treize ans et elle aime bouger. Elle étudie sérieusement la danse depuis la fin de son cours primaire. Avec elle, tous les prétextes sont bons pour faire une arabesque ou essayer un nouveau sport.

Tiens! Il y a grand-papa qui demande aux petits enfants de s'approcher. Les réunissant tous autour de lui, il leur dit, l'air un peu solennel : «Alors... comment ça va les enfants?»

L'IMPORTANCE D'UNE BONNE POSTURE

Hélène fait des remontrances à Sophie chaque fois qu'elle la voit s'asseoir à califourchon par terre, les pieds écartés de chaque côté de son fessier. Elle dit que cette posture n'est pas élégante et que sa fille marchera les pieds écartés si elle continue comme ça. Mais chassez le naturel, il revient au galop : Sophie revient sans cesse à cette position qu'elle trouve confortable.

Hélène a-t-elle raison d'empêcher Sophie de s'asseoir à sa guise?

Absolument. Cette position des jambes, placées en W, peut causer une déviation des fémurs ou des tibias. De nombreux enfants comme Sophie aiment prendre cette posture, le siège entre les talons, les pieds pointant vers l'extérieur, ou recroquevillés sous le siège et pointant vers l'intérieur. Cette posture met les structures sous tension extrême et peut à la longue favoriser une torsion des os.

Les enfants qui ont tendance à marcher avec les pieds vers l'intérieur ou l'extérieur trouvent la position assise en W très confortable et stable. Ils sont donc portés à l'adopter et à en faire leur favorite. Dans cette posture, si les pieds pointent vers l'extérieur, les enfants pourront souffrir d'une déformation du fémur. S'ils pointent vers l'intérieur, les petits pourront avoir une déformation du tibia.

Il est normal qu'un enfant ait un peu les jambes tournées vers l'intérieur ou l'extérieur pendant les premières années de sa vie. Cela est dû à sa position dans l'utérus. Ce défaut se résorbe normalement, si une mauvaise posture ne vient pas l'en empêcher.

Grand-maman est convaincue que si Sophie marche les pieds un peu écartés, c'est qu'elle a un problème aux pieds. Elle suggère souvent à Hélène de consulter un orthopédiste pour faire faire à Sophie des chaussures spéciales. Hélène ne sait trop quoi en penser...

La suggestion de grand-maman est-elle juste? Probablement pas. Il est très rare que ce type de problèmes trouve sa cause dans les pieds. La plupart du temps, le fait de marcher les pieds «par en dedans» ou «en canard» provient de l'os de la cuisse (fémur) ou de celui de la jambe (tibia). Aucune chaussure orthopédique, aucun appareil de correction ou exercice correctif n'est efficace pour corriger ce problème. La correction se fait en général de façon spontanée, à mesure que l'enfant grandit. Quant à la chirurgie, il n'en est à peu près jamais question.

Grand-papa trouve que sa femme et sa fille s'en font trop avec cette histoire. Il prétend que la solution est simple; il s'agit, dit-il, de fabriquer à Sophie une petite table et une petite chaise pour qu'elle s'y assoie quand elle regarde la télé et qu'elle joue dans la salle de séjour. Comme cela, elle aura moins envie de s'asseoir par terre et le problème se corrigera de lui-même.

Grand-papa a-t-il raison?

Oui. Il s'agit de trouver des subterfuges pour encourager l'enfant à ne pas s'asseoir dans la position qui lui fait du tort. L'idée de la table et de la chaise est excellente, car Sophie trouvera amusant de s'y installer en diverses occasions.

On suggère aussi de jouer avec l'enfant en lui démontrant toutes les possibilités des diverses positions assises. On peut s'y mettre dès que le bambin commence à avoir assez d'équilibre pour s'asseoir. Il est très frustrant pour un enfant d'aller chercher un jouet sur le côté lorsqu'il est assis en W. Vous pouvez donc, subtilement, lui faire adopter la position de l'Indien en plaçant ses jouets sur les côtés, ou l'installer les jambes allongées vers l'avant en lui demandant de regarder et de jouer avec ses orteils. Des livres sont disponibles sur le marché pour vous donner des idées intéressantes à ce propos. (Par exemple *Regarde-moi : le Développement neuro-moteur normal de l'enfant de zéro à quinze mois*, aux Éditions Décarie.)

UNE OTITE! À QUI LA FAUTE?

Antoine, le dernier-né des trois enfants d'Hélène et de Richard, fait de la fièvre et ça le rend particulièrement irritable. On le mène chez le médecin qui diagnostique une otite moyenne.

Hélène est un peu fâchée contre Richard car c'est lui qui gardait Antoine la veille et il n'a pas mis de chapeau au bambin, malgré la fraîche. Richard prétend, quant à lui, que c'est chez la gardienne qu'Antoine a contracté cette otite car il y a toujours là-bas d'énormes courants d'air. Enfin! Tout ce qu'on

peut faire pour le moment, c'est de donner des anti-
biotiques à Antoine.

Qui donc a raison, Hélène ou Richard?

Ni l'un ni l'autre. En fait, l'otite moyenne est une infection de l'oreille qui ne s'attrape ni dans les courants d'air ni à cause d'une tête nue. Les responsables sont en réalité des bactéries bien identifiées. Lors d'un rhume ou d'une autre infection, la trompe d'Eustache fonctionne moins bien et ces bactéries, alors présentes dans l'arrière-gorge, en profitent pour se rendre dans l'oreille moyenne. En compagnie de leurs inévitables compagnes, elles peuvent alors s'en donner à coeur joie dans cette «chambrette» désormais fermée de part et d'autre, par le tympan d'un côté et les osselets de l'autre. L'infection s'installe et seuls les antibiotiques peuvent en venir à bout.

Pour cette raison, il faut toujours bien se moucher quand on a le rhume; cela dégage la trompe d'Eustache et les bactéries ont moins de possibilités de trouver un milieu favorable à leur épanouissement.

Par ailleurs, les bactéries responsables de l'otite se développent souvent chez les nourrissons qui boivent au biberon. Il faut prendre soin de les faire boire en position semi-assise, sinon le lait se fraye un passage vers l'oreille moyenne et favorise l'infection. On doit donc éviter de laisser un enfant boire sa bouteille en position couchée.

La quantité d'enfants de moins de cinq ans qui souffrent d'une otite est phénoménale. Le tiers des consultations chez les pédiatres y est relié. Dans les garderies, quand les rhumes passent, les otites arrivent... L'otite moyenne doit être bien soignée, sinon l'enfant peut se retrouver avec des troubles d'audition. Et pensons que cette maladie n'est pas une invention du XXe siècle : on a découvert chez des momies égyptiennes des perforations du tympan causées par des otites! Mais prenons garde de ne pas confondre l'otite moyenne avec l'otite externe, qu'on appelle aussi l'otite du baigneur.

Quand il entend parler des problèmes d'otite d'Antoine, Arthur s'écrie : «Moi, j'en ai souvent des otites! Même qu'on va peut-être me mettre des tubes!»

Quels sont ces tubes dont parle Arthur?

Arthur a des otites à répétition. Au cours de la dernière année, il en a fait six. Le liquide qui se forme dans l'oreille, lors de l'infection, a tendance à y rester, même après le traitement. Cela lui cause des problèmes de surdité partielle : il fait souvent répéter ses parents, met toujours le volume du téléviseur très fort et a tendance à jouer seul.

À cause de ce liquide et des effets qu'il a sur la qualité de l'audition d'Arthur, le médecin a parlé de lui insérer dans l'oreille des tubes servant à faire évacuer le liquide emprisonné dans l'oreille moyenne. Ses trompes d'Eustache ne permettant pas l'évacuation, on percera son tympan et le liquide s'écoulera. Ces tubes tomberont d'eux-mêmes après six ou douze mois et le tympan se refermera naturellement. Il est peu fréquent que le problème se répète ensuite, surtout quand les enfants ont dépassé cinq ans.

Tous les enfants qui souffrent d'otites à répétition n'ont pas à subir ce traitement; en général, l'inflammation se résorbe complètement entre les épisodes. Le médecin suggère dans ces cas de prendre des antibiotiques une fois par jour, pour prévenir l'infection.

UN MAL DE TÊTE, QU'EST-CE QUE ÇA VEUT DIRE?

Quand on s'est aperçu pour la première fois qu'Arthur faisait une otite, il y avait déjà un certain temps qu'il se plaignait de maux de tête. Au début, Denis croyait que ces plaintes étaient des inventions d'enfant pour attirer l'attention. Mais au bout d'un certain temps, papa et fiston se sont rendus chez le médecin pour tirer cela au clair : c'est ainsi qu'on découvrit le début de cette ennuyeuse infection.

Le mal de tête annonce-t-il toujours autre chose?

La plupart des maux de tête chez l'enfant sont bénins. Il n'en demeure pas moins que cela peut révéler un problème sous-jacent. Un enfant qui se plaint d'un mal de tête mérite qu'on lui porte une attention particulière.

De 70 à 90 p. cent des enfants qui souffrent de migraines ont une histoire familiale en ce sens. Notons en passant que la migraine constitue une forme particulière, parmi les différents types de maux de tête. Les parents qui souffrent de maux de tête doivent donc se montrer attentifs aux petits signes qui peuvent être des indices sérieux. L'enfant pourra être irritable, se tirer les oreilles, se frapper ou se rouler la tête. On pourra aussi constater chez lui un besoin excessif de sommeil.

Que faire en pareil cas?

- Faites préciser à l'enfant l'endroit où il a mal (au front, aux tempes, à l'arrière), la sorte de douleur qui l'habite (élancement, pesanteur, serrement, etc.), l'intensité de sa douleur, la durée de l'épisode (par exemple, «ça dure depuis la récréation») et la fréquence des épisodes («ça arrive toujours quand je vais à l'éducation physique»). Ainsi, vous serez mieux outillé lorsque vous rencontrerez votre médecin.

- Demandez à votre enfant s'il a mal ailleurs. Passez les mains sur son front, ses joues, sa mâchoire pour détecter toute sensibilité, signe potentiel d'une infection : abcès dentaire ou carie.

- Prenez sa température. Le mal de tête est souvent l'un des premiers symptômes de maladie infectieuse.

- Assurez-vous que votre enfant n'a pas reçu de coup sur la tête. Si tel est le cas, vérifiez si le mal de tête est accompagné d'autres symptômes comme des nausées, des vomissements, de la somnolence ou des étourdissements.

- Vérifiez si le mal de tête fait suite à une séance prolongée de lecture, de télévision ou de travaux scolaires. Il peut s'agir alors d'un problème de la vue comme l'astigmatisme ou le strabisme. Un examen sérieux permettra, le cas échéant, d'identifier le problème. De plus, l'enfant qui s'acharne à l'étude et veut réussir à tout prix peut se plaindre de maux de tête à cause d'une circulation sanguine insuffisante dans un organe; ce problème est souvent causé par la contraction prolongée des muscles du cou.

- Si le mal de tête est accompagné d'un autre symptôme (douleur abdominale, nausées et vomissements, température, raideur de la nuque, intolérance à la lumière ou au bruit, étourdissements, somnolence), il faut consulter un médecin.

- Enfin, éliminez les causes psychologiques. Assurez-vous que l'enfant n'est pas préoccupé par l'arrivée d'une nouvelle monitrice à la garderie, un conflit entre ses deux parents, l'imminence d'un divorce, un petit frère qui est puni, une dispute entre amis, un travail scolaire exigeant. Toutes ces raisons peuvent rendre l'enfant anxieux et lui occasionner un mal de tête. Dans ce cas, il faut faire parler l'enfant de ce qui le préoccupe, résoudre le problème et lui donner un peu de repos.

- Si rien ne semble concluant après toutes ces vérifications, il peut s'agir d'un simple incident de parcours imputable au fait que l'enfant est resté trop longtemps dans un endroit chaud et mal aéré. Il suffit dans ce cas d'une petite collation et de quelques bonnes bouffées d'air frais pour que le mal de tête disparaisse comme il était venu. La fatigue et le manque de sommeil peuvent aussi occasionner des migraines. En été, gare aux insolations et à la déshydratation.

LA FIÈVRE

En entendant tout le monde parler d'otites, de maux de tête et de température, grand-maman se rappelle ses souvenirs de jeune maman, quand elle avait à prendre soin de ses propres enfants, dans un petit village, au bord du fleuve. Elle raconte : «Une des choses que je craignais le plus, c'était qu'un enfant fasse de la fièvre. Nous n'avions pas d'antibiotiques à cette époque et la fièvre, quand elle se manifestait, pouvait nous faire paniquer!»

L'attitude des gens n'a pas vraiment changé depuis l'époque de grand-maman. La peur de la fièvre, qu'on pourrait parfois qualifier de phobie, persiste encore maintenant. Pour certains, un simple éternuement signale le début d'une pneumonie. La fièvre est de loin la raison la plus fréquente qui amène les parents à courir avec leur enfant vers les salles d'urgence.

Comment explique-t-on la fièvre?

La température de notre corps est normalement maintenue à 37°C. Notre peau enregistre constamment la température ambiante et la rapporte à notre système nerveux, plus particulièrement à un centre de contrôle situé dans le cerveau et qui s'appelle l'hypothalamus.

Si la température enregistrée est plus basse que 37°C, des réactions se produisent immédiatement pour remonter le niveau. Face au froid, le corps poursuit deux objectifs : garder la chaleur déjà acquise et, si possible, en produire une nouvelle.

Pour conserver la chaleur déjà acquise, le corps diminue l'apport de sang dans les extrémités : les mains et les pieds se transforment en glaçons. On ne gaspille pas le bois à réchauffer la rallonge quand il n'en reste même pas assez pour passer l'hiver!

Pour produire une chaleur nouvelle, l'un des moyens les plus ingénieux que le corps ait trouvé, c'est de grelotter. Par cette action, les muscles se contractent et libèrent une énergie qui réchauffe.

Si, au contraire, la température s'élève au-delà de 37°C, le corps cherche à éliminer le surplus de chaleur en suant et en dilatant les vaisseaux sanguins.

Toutes les réactions de notre corps face à la température ambiante sont déterminées par un thermostat naturel que nous avons en nous. Lorsque des microbes s'emparent de notre système, ils dégagent certaines toxines qui dérèglent ce thermostat. La température ambiante a beau être tout à fait confortable, le corps réagit alors comme s'il faisait froid. Il tente de conserver la chaleur déjà acquise en faisant geler les pieds et les mains, et il peut même décider d'en produire de la nouvelle en se mettant à frissonner.

Quand faut-il s'inquiéter?

Avant tout, il faut s'assurer que la température a été bien prise. Le thermomètre doit être approprié, et l'on doit se demander s'il n'y a pas eu suractivité, exposition à la chaleur ou vaccination récente, trois phénomènes qui font souvent monter temporairement la température.

Ensuite, on doit vérifier s'il n'y a pas de symptômes d'infection, par exemple un rhume, un mal de gorge ou une douleur à l'oreille.

Enfin, on réagit différemment selon l'âge de l'enfant. S'il a moins de trois mois, on doit consulter un médecin dès que l'on constate la présence de fièvre, c'est-à-dire aussitôt que la température rectale dépasse 38,3°C. S'il a entre trois et six mois, on commence par se demander s'il boit bien, s'il est irritable ou léthargique; quand l'état général est bon, on se permet 24 heures d'observation. Finalement, s'il a plus de six mois, on se pose les mêmes questions, mais on peut attendre plus longtemps avant de consulter. Les médicaments ne sont pas recommandés tant que la température reste sous 39°C.

Les gens ne s'entendent pas toujours sur la pertinence de traiter la fièvre. Ceux qui sont contre prétendent qu'un temps d'observation est nécessaire pour découvrir de quelle maladie on souffre, puisque la fièvre n'est pas une maladie, mais le signe d'autre chose. De plus, ils disent que les effets secondaires des médicaments sont pires que la fièvre elle-même; sans compter qu'un surdosage est toujours possible. Et puis, la majorité des fièvres sont associées à des maladies bénignes, qui guérissent toutes seules. Enfin, selon une récente théorie, la fièvre jouerait un rôle actif dans la guérison. Pourquoi alors vouloir éliminer une médecine si naturelle?

Ceux qui favorisent le traitement disent pour leur part que les médicaments qui font baisser la fièvre réduisent le malaise physique. Mais c'est souvent une raison plus sérieuse qui les convainc de réagir devant une température à la hausse. Cette raison, c'est la menace de «convulsions fébriles».

Ceux qui ont déjà vu un enfant victime de cette forme spectaculaire de fièvre savent à quel point l'événement est désagréable. Quand la température dépasse 39°C, il arrive que des convulsions de ce type secouent l'enfant. Sur 100 enfants de moins de cinq ans, quatre connaîtront ce genre de crises, une fois dans leur vie. Chez le tiers de ces enfants, on n'aura même pas eu le temps de se rendre compte d'une montée de température.

Face aux convulsions fébriles, il n'y a pas grand-chose à faire sauf empêcher l'enfant de se blesser. On s'assure que ses voies respiratoires sont bien dégagées, on le met sur le côté gauche, la tête droite et on le déplace au centre de son lit pour éviter que sa tête ne frappe les côtés. Évidemment, une évaluation médicale se justifie quand il s'agit de confirmer le diagnostic et de recevoir les recommandations d'usage.

Comment doit-on prendre la température?

- La méthode la plus traditionnelle, c'est la **main**; mais c'est aussi la plus contre-indiquée. Elle est totalement empirique et laisse place à une trop grande marge d'erreur.
- **Le thermomètre oral**. On le place cinq minutes sous la langue et on ne s'en sert qu'avec les enfants de plus de cinq ou six

ans : les plus jeunes pourraient décider de
le croquer!

- **Le thermomètre rectal**. On place l'enfant
sur le côté ou sur le dos, on enduit le thermomètre de Vaseline^{MD} et on le fait péné-
trer de deux centimètres à l'intérieur du
rectum. Après deux minutes, le mercure
nous livre des résultats précis. C'est la
méthode la plus recommandée. Le seul problème qui y est relié, c'est la peur. Parents
et enfants craignent souvent cette intrusion;
mais c'est à tort.

- **Le «fever test»**. C'est un petit papier que
l'on applique sur le front et qui change de
couleur si la température est élevée. Il est
utile surtout pour les gens qui sont incapables de lire un thermomètre; de façon générale cependant on le juge trop imprécis : on
ne le recommande donc pas...

- **Le thermomètre électronique**. Il est incas-
sable, précis et facile à utiliser. Il peut lire
la température de façon rectale **ou** orale et
coûte entre 10 et 15 dollars. Son principal
avantage? Les enfants le prennent pour un
jeu.

Que faire quand un enfant fait de la fièvre?

- Garder l'enfant couché dans une pièce où
la température n'excède pas 21°C. Il faut
éviter de surchauffer la chambre d'un
malade fiévreux. On peut même l'aérer avec

un ventilateur, si ce dernier n'est pas dirigé directement sur le malade.

- On peut découvrir et déshabiller l'enfant, mais on lui évite les frissons qui contribuent à faire augmenter la fièvre.

- Autrefois, on trempait les malades dans des bassins d'alcool, mais aujourd'hui, cette méthode est complètement proscrite. Ces bains menaient souvent les enfants à des intoxications sérieuses, sinon néfastes. Les bains d'eau tiède ont, quant à eux, peu d'efficacité. On peut cependant les utiliser quand l'enfant se sent très mal à l'aise.

- Il faut offrir beaucoup de liquide au malade : jus, soupe, lait, eau. En effet, la fièvre déshydrate très rapidement le corps.

- On doit éviter d'emmailloter l'enfant sous des masses de couvertures : cela ne fait qu'aggraver les choses!

- On peut faire baisser la fièvre avec de l'acétaminophène qui existe sous plusieurs formes faciles à administrer aux enfants. On le recommande de routine. Mais il faut faire attention à la dose : les concentrations sont différentes selon que le médicament est liquide ou solide. Il faut toujours s'en tenir au dosage recommandé selon le poids de l'enfant. Il est préférable d'éviter l'usage de l'aspirine, surtout chez les enfants et les adolescents atteints de la grippe ou de la varicelle; en effet, l'aspirine peut favoriser l'apparition d'une maladie grave, bien que rare: le syndrome de Reye. Cette maladie affecte principalement le cerveau et le foie.

ÇA MARCHE... COMME SUR DES ROULETTES

*Dans le jardin, tout le monde cause et rigole cal-
mement. Hélène, cependant, est préoccupée par
Antoine, le bébé. Elle aimerait bien qu'il commence
à marcher assez tôt et, pour l'entraîner, elle lui fait
faire quelques pas à gauche, quelques pas à droite.
Marie-Claire lui suggère d'acheter une marchette.
«Ces petits engins sur roulette, il paraît que ça permet aux enfants de marcher beaucoup plus tôt!», dit-
elle sans trop de conviction. Hélène et Denis sursau-
tent. «Quoi? Tu ne sais donc pas que c'est le contraire! Et puis, les marchettes, c'est un véritable
danger public!»*

Hélène et Denis ont bien raison de ne pas
croire aux prétendues vertus de la marchette et de
se méfier de cette invention. D'abord, la marchette
est responsable de milliers d'accidents chaque
année, au Canada. En général, ce ne sont que des
accidents mineurs, qui se soldent par des bosses,
des coupures et des éraflures, mais il arrive que ces
accidents soient mortels. Les médecins et les associations de consommateurs ont fait de nombreuses
mises en garde depuis quelques années; cependant, peu d'améliorations ont été apportées à la marchette, et elle demeure toujours aussi dangereuse.

Les parents qui décident de mettre leur bébé
dans une marchette ne doivent jamais le quitter des
yeux car celui-ci peut très facilement se coincer les
doigts, renverser la marchette et tomber sur la tête.
Au volant de son bolide, l'enfant se déplace à la
vitesse de l'éclair... et accède rapidement à des lieux

et à des objets dangereux. Il est de première importance de s'assurer régulièrement que l'entrée de la pièce est solidement bloquée, surtout si elle donne sur un escalier. Une chute dans un escalier peut être fatale ou handicaper un enfant à tout jamais.

Par ailleurs, contrairement à ce que l'on croit souvent, le fait de mettre un bébé dans une marchette ne lui apprend pas à marcher plus tôt. Si on laisse un enfant plusieurs heures par jour dans sa marchette, on peut même retarder son développement en l'empêchant de ramper. On risque en plus de lui occasionner des troubles de démarche. D'ailleurs, toutes les associations de pédiatrie s'opposent catégoriquement à l'utilisation de la marchette. Les marchettes sont donc à proscrire!

ANTOINE LOUCHE-T-IL?

Virginie aime beaucoup les bébés et dès qu'elle le peut, elle prend soin d'Antoine, son cousin qui est si petit. Aujourd'hui, en le regardant droit dans les yeux, elle remarque pour la première fois quelque chose d'étrange : on dirait qu'il louche ! Elle se prend à imaginer son cousin qui grandirait en conservant ce défaut! Mais Hélène la rassure aussitôt : «J'ai vu le médecin; il a examiné Antoine et m'a dit de ne pas trop m'en faire puisqu'il ne louche que de temps en temps. C'est un défaut qu'on appelle du strabisme intermittent, et cela arrive souvent aux nouveau-nés. Ça devrait s'arranger dans les mois qui viennent.»

Plusieurs nouveau-nés présentent du strabisme intermittent au cours des trois ou quatre premiers mois de leur existence; c'est le moment où la coordination des muscles oculaires se perfectionne. Dans ce cas, il n'y a généralement pas lieu de s'inquiéter. Cependant, si le strabisme persiste au-delà du cinquième ou du sixième mois, c'est anormal. Il faut alors immédiatement consulter.

Qu'est-ce que le strabisme?

Le strabisme, c'est le dysfonctionnement du phénomène qui fait en sorte que les deux yeux fonctionnent de façon parallèle. Normalement, une image se forme sur la rétine de chaque oeil et le message est ensuite envoyé au cerveau de façon qu'une seule image apparaisse à la conscience. Chez l'enfant atteint de strabisme, chaque rétine reçoit deux images différentes, ce qui produit une vision double. Le cerveau, lui, se trouve incapable de supporter cette vision; il supprime donc une des images et utilise seulement l'oeil qui voit le mieux. L'autre oeil, celui qui louche, n'est pas utilisé; il s'affaiblit donc à long terme et devient «paresseux». C'est ce qu'on appelle l'amblyopie.

Plus le strabisme est précoce et le traitement tardif, plus le risque d'amblyopie est grand. C'est pourquoi le traitement doit être instauré le plus tôt possible. La perte permanente de l'oeil le plus faible peut en effet être évitée par un dépistage précoce. Le traitement doit commencer dès l'âge de six mois, car les chances de succès diminuent avec l'âge et sont pratiquement nulles quand l'enfant a plus de quatre ou cinq ans.

Il y a différentes formes de strabisme. Le strabisme convergent est celui que l'on retrouve le plus souvent dans près de 90 p. cent des cas. La plupart du temps, on l'observe avant l'âge de trois ans. Le regard de l'enfant atteint d'un strabisme convergent déviera vers l'intérieur.

On confond parfois cette forme de strabisme avec le pseudo-strabisme dans lequel la base du nez, à cause de sa largeur, cache un des deux yeux lorsque l'enfant regarde sur le côté, ce qui crée à tort l'impression qu'il louche.

Virginie continue quand même de s'inquiéter. «Et qu'est-ce qui arriverait si ça continuait?» demande-t-elle à sa tante. «On pourrait le traiter de différentes façons, lui répond la maman d'Antoine. D'abord avec des exercices spéciaux, ensuite en corrigeant le défaut avec des lunettes et, en dernier lieu, si rien ne fonctionnait, avec une opération...»

Ces trois techniques sont souvent combinées pour corriger le strabisme convergent. L'important, c'est d'être rapide et efficace. Grâce à un bon traitement, on pourra restaurer une vision binoculaire, c'est-à-dire une vision qui fait appel à l'usage des deux yeux de façon simultanée. Un bon traitement aura aussi pour effet d'améliorer l'esthétique et d'éviter que l'enfant ne souffre de problèmes psychologiques reliés à son apparence. Cependant, le traitement commence souvent par une tentative de réhabilitation de l'oeil dévié. Souvent, les parents sont déçus, car ce qu'ils veulent avant tout, c'est d'améliorer l'esthétique.

Dans un premier temps, l'ophtalmologiste pédiatrique procède à un examen rigoureux afin de déterminer le type de traitement nécessaire. S'il y a amblyopie, il se peut que le médecin prescrive de boucher le bon oeil, avec ou sans lunettes. On force ainsi le cerveau à utiliser l'image qu'il a l'habitude de supprimer, c'est-à-dire l'image qui provient de l'oeil déviant.

Si le mauvais alignement des yeux persiste, on envisage alors une intervention chirurgicale.

Il est important de bien observer l'enfant. Louche-t-il seulement de temps en temps? Quand il regarde un objet de loin? Ou quand il est fatigué? Est-ce toujours le même oeil qui louche? Cela a-t-il commencé soudainement ou graduellement?

Toutes ces observations aideront l'ophtalmologiste à établir un diagnostic précis et à choisir le traitement approprié.

VIRGINIE DOIT PRENDRE DES MÉDICAMENTS

La semaine dernière, Virginie a eu très mal à la gorge pendant quelques jours. Denis, son papa, y songea tout à coup : il avait eu le même problème l'année précédente et on avait diagnostiqué une amygdalite. Ça tombait bien, il lui restait justement des médicaments. Il se dit qu'il suffisait de couper chaque comprimé en trois pour que sa petite fille se porte mieux... C'était logique : elle pesait trois fois moins que lui, le tiers d'une pilule suffirait donc pour elle!

Est-il bon d'improviser une ordonnance? Le père de Virginie a-t-il eu raison de fractionner ses pilules en fonction du poids?

Non! Les pilules ne sont pas nécessaires dans la majorité des cas de maux de gorge. Il est donc impératif de laisser le médecin poser le diagnostic et prescrire un traitement. Il existe des différences majeures entre l'enfant et l'adulte, et le poids ne représente qu'une seule de ces différences. Ainsi, l'enfant est constitué par une plus grande masse d'eau que l'adulte, la graisse est chez lui distribuée tout autrement et certains organes ne fonctionnent pas de la même façon parce qu'ils n'ont pas encore fini de se développer (notamment les reins et le foie). Les doses et la formulation du médicament varient donc non seulement en fonction du poids mais aussi en fonction de l'âge de l'enfant.

Denis a fini par consulter un médecin pour sa fille. Il est rentré à la maison avec un sirop pour abaisser la fièvre. Mais Virginie refusait obstinément de prendre ses médicaments!

Comment convaincre un enfant de prendre des médicaments?

On se souvient des épais sirops bruns que nos mères tentaient jadis de nous faire avaler, et des comprimés qu'il suffisait de déposer sur la langue pour qu'un goût amer envahisse notre bouche. Malgré tous nos efforts, il semblait impossible de faire passer ce poison de l'autre côté de la gorge, là où les choses n'ont plus aucun goût.

Les compagnies pharmaceutiques ont fait beaucoup d'efforts depuis une trentaine d'années pour convaincre les enfants des bienfaits de leurs médicaments. Elles ont aromatisé les sirops aux bananes, aux fraises ou aux cerises au point qu'il est désormais dangereux que les enfants se mettent à *trop* aimer leurs médicaments!

Si un enfant résiste malgré tout au charme de ces «cures sucrées», il existe des techniques pour arriver à vos fins.

Pour les bébés qui ne savent pas encore avaler, on utilisera des compte-gouttes et des seringues. Il est plus facile d'administrer des gouttes à un bébé ou à un jeune enfant quand on le couche sur le dos. Demandez à quelqu'un de le tenir pour qu'il ne bouge pas la tête. Les enfants plus âgés font généralement moins de difficultés et vous n'aurez qu'à leur demander de pencher la tête vers l'arrière. Ne touchez pas le nez, l'oreille ou l'oeil de votre enfant avec le compte-gouttes. Si cela vous arrivait, lavez-le soigneusement avant de le remettre dans son flacon. Si vous utilisez des gouttes en vente libre, n'en mettez jamais plus de trois jours de suite sans consulter un médecin : il arrive que ces produits provoquent une inflammation qui s'avère pire que la maladie qu'ils sont destinés à traiter!

Si votre enfant refuse à l'occasion de prendre ses médicaments, soyez ferme mais sans dureté, et ne le punissez pas. S'il vous oppose une résistance physique, contraignez-le à prendre son médicament en vous faisant aider d'un enfant plus vieux ou d'un autre adulte. Quand il s'agit d'un nouveau-né, immobilisez-le en l'enveloppant dans une couverture.

À faire

- Vérifiez soigneusement la posologie indiquée sur l'étiquette avant d'administrer tout médicament à un enfant.
- Assurez-vous que les préparations en vente libre que vous faites prendre aux enfants ne contiennent pas d'aspirine.
- Jetez toujours la portion inutilisée à la fin d'un traitement, car le contenu peut être contaminé et il serait dangereux de l'utiliser plus tard.

À ne pas faire

- Ne faites pas croire aux enfants que les préparations médicamenteuses sont des bonbons.
- Ne donnez jamais à quelqu'un un médicament prescrit pour une autre personne, même si la maladie semble la même.
- Ne laissez jamais de médicaments à la portée des enfants.

LES OPÉRATIONS, ON LES ÉVITE...

Souvent, quand Virginie fait une grippe, ses amygdales s'infectent et grossissent. Elle doit alors rester au lit quelques jours avec des antibiotiques. À l'école, son amie Mélinda conseille à Virginie de se faire opérer. «Tout le monde se fait enlever les amygdales, dit-elle. La preuve, c'est que mon père, ma mère, mes oncles et mes tantes sont tous passés par là quand ils étaient petits.» Mais Virginie, qui a une peur bleue des opérations, répète à son amie

*ce que le médecin lui a dit : il n'est pas nécessaire
d'opérer.*

Qui donc a raison? Bien sûr, c'est le médecin
de Virginie. Il connaît son affaire. Mais il est vrai qu'il
y a seulement quelques années, presque tout le
monde se faisait enlever les amygdales avant l'âge
de 13 ou 14 ans. La tendance a changé. Maintenant,
on laisse leurs amygdales aux enfants et cela, pour
plusieurs raisons.

Autrefois, on croyait que si les enfants avaient
souvent mal à la gorge, c'était parce que leurs amygdales étaient grosses. C'est une des raisons pour
lesquelles on n'hésitait pas à les couper. Depuis, on
a compris qu'il n'y avait pas de lien entre la grosseur des amygdales et les maux de gorge. D'abord,
il est normal que les amygdales des enfants soient
plus volumineuses que celles des adultes. À l'âge
de 8 ou 10 ans, elles sont habituellement deux fois
plus grosses qu'à 18 ou 20 ans. Elles grossissent
de la naissance à la puberté et après, elles
régressent.

De plus, non seulement les amygdales ne sont-
elles pas responsables des maux de gorge, mais
elles contribuent même à lutter contre les microbes.
Les enfants souffrent fréquemment de maux de
gorge; dans la majorité des cas, ces infections sont
causées par un virus et ne nécessitent pas la prise
d'antibiotiques. Les enfants font plus d'infections
certes, mais cela n'a rien à voir avec la présence,
l'absence ou la grosseur des amygdales.

Aujourd'hui, on réserve l'amygdalectomie aux
personnes qui en ont vraiment besoin, c'est-à-dire
à une minorité. Les candidats à l'opération sont ceux

qui ont des abcès, ceux qui souffrent d'amygdalites à répétition avec une bactérie (le streptocoque)
repérée par une culture de gorge et ceux dont les
voies aériennes sont obstruées par de *très, très* grosses amygdales. Mais l'intervention a très rarement
lieu à cause d'amygdales trop grosses.

L'ABC DE LA GASTRO-ENTÉRITE

*Virginie parle de ses amygdalites avec un brin
d'orgueil... Mais elle n'est pas la seule à être malade.
Sophie raconte qu'il y a quelques semaines, elle a
eu une gastro-entérite. Elle se souvient d'avoir été
bien malheureuse de se trouver dans cet état. Elle
avait alors l'impression qu'il n'y avait qu'à elle qu'un
pareil «malheur» pouvait arriver!*

La gastro-entérite fait partie des maladies les
plus «courantes» chez les enfants; Sophie avait donc
tort de se sentir l'unique victime d'un mauvais sort.

Malgré ce qu'on en pense souvent, le problème est rarement dû à la nourriture. Il s'agit plutôt d'une infection causée par un virus. La
gastro-entérite n'a rien d'alarmant. C'est ennuyeux
et désagréable : qui donc aime avoir de la diarrhée,
des vomissements, de la fièvre et des douleurs au
ventre? Ces symptômes durent en général de 24 à
72 heures. Toutefois qu'il s'agisse d'adultes,
d'enfants ou de bébés, la plupart des gastro-
entérites peuvent être soignées à la maison grâce
à la diète suivante (passez d'une étape à l'autre toutes les 12 à 24 heures, selon la gravité de la gastro-
entérite) :

- **Première étape**
  - Cessez toute alimentation normale et remplacez-la par une des solutions d'hydratation orale vendues en pharmacie ou, en attendant de vous procurer une de ces solutions, par un mélange fait d'un litre d'eau (environ 1 pinte), de 2 mL (1/2 c. à thé) de sel et de 30 mL (2 c. à soupe rases) de sucre.
  - Évitez les boissons gazeuses et les jus. Laissez également tomber le lait, sauf si vous allaitez votre enfant. Dans ce dernier cas, poursuivez l'allaitement maternel, mais offrez en plus à votre bébé les solutions d'hydratation orale.
  - Commencez par donner ces solutions à la température de la pièce. Quantités : de 15 à 30 mL (de 1 à 2 c. à soupe) toutes les demi-heures, si votre enfant vomit. Augmentez lentement la quantité si votre enfant ne vomit pas.
  - S'il y a vomissement, cessez toute alimentation pendant une heure, puis reprenez, très lentement.
  - Pendant une période de 12 à 24 heures — mais pas davantage — ne donnez que ces solutions à votre enfant.
  - Si votre enfant n'aime pas du tout le goût de ces solutions, vous pouvez y ajouter quelques cuillers à thé de jus d'orange ou de raisin.

- **Deuxième étape**
  - Si votre enfant n'est pas en âge d'absorber de la nourriture solide, réintroduisez la formule

de lait diluée de moitié avec de l'eau, en quantités moindres mais plus fréquemment qu'à l'ordinaire.

— Si votre enfant prend de la nourriture solide, recommencez, dès cette étape, à l'alimenter (dans la maladie, l'alimentation solide abrège la durée des symptômes). Vous pouvez lui offrir des pommes crues ou cuites, des bananes écrasées, des céréales de riz, des carottes et des biscuits soda.

— À cette étape, poursuivez l'administration des solutions d'hydratation orale décrites lors de la première étape, plutôt que de remettre le lait au menu.

- **Troisième étape**
  — Augmentez la quantité d'aliments solides; vous pouvez y ajouter du yogourt et du fromage.
  — Recommencez à donner le lait habituel, mais diluez-le moitié-moitié avec de l'eau.

- **Quatrième étape**
  — Revenez au lait habituel et à l'alimentation normale.
  — Il est cependant préférable de ne pas réintroduire les produits laitiers avant plusieurs jours chez les enfants plus âgés quand la diarrhée persiste et qu'elle est forte.

Quant aux médicaments, il faut savoir que ceux qui sont fabriqués à base de kaolin sont tout à fait inutiles; dans les circonstances, ils peuvent même être nuisibles. Le temps est souvent le meilleur remède, si on lui donne un petit coup de pouce. Normalement, l'enfant est sur pied en deux ou trois jours. Il peut arriver que les selles mettent jusqu'à sept ou dix jours à revenir complètement à la normale.

Consultez votre médecin
- si votre enfant a moins de trois mois;
- s'il vous inquiète;
- s'il continue de vomir malgré cette diète;
- s'il évacue des selles noires ou sanguinolentes;
- s'il présente des signes de déshydratation :
  — yeux creux,
  — absence de larmes lorsqu'il pleure,
  — perte de poids significative,
  — bouche et langue sèches,
  — diminution notable de la quantité d'urine ou absence d'urine;
- si sa fièvre persiste plus de trois jours;
- si, en dépit du traitement, l'enfant évacue toujours un bon nombre de selles diarrhéiques pendant plus de trois jours.

LES MALADIES INFANTILES, DES PETITES MALADIES?

Virginie et Sophie ont réussi à attirer l'attention de toute la famille maintenant attablée avec leurs histoires d'amygdalites et de gastro-entérite. Arthur ne veut pas être en reste : «Moi aussi ça m'arrive d'être malade, hein Papa?» «Mais oui, mon chéri! En plus de tes otites, on pourrait parler de la rougeole que tu as attrapée l'an dernier...» Et Marie-Claire d'ajouter : «Vous savez, si on faisait le tour de la table, on

pourrait presque à coup sûr s'apercevoir que cha-
cun d'entre nous a déjà connu une de ces petites
maladies! Moi, j'ai eu la varicelle quand j'étais enfant,
Hélène aussi. Denis, lui, c'était la coqueluche. Qui
dit mieux?»

On parle souvent des maladies infantiles comme s'il s'agissait de quelque chose de bénin, d'épisodes sans conséquence dans la vie d'un enfant. Et pourtant, c'est du sérieux! Ainsi, dans les pays en voie de développement, la rougeole attaque près de 70 millions d'enfants chaque année. Et tenez-vous bien, elle en tue deux millions!

La rougeole

Dire qu'un simple vaccin peut éviter tout ce gâchis! Au Québec, nous avons la chance de nous faire vacciner. Petit à petit, nous avions oublié que cette maladie infantile était très grave, car elle n'existait presque plus chez nous. Depuis les dernières années cependant, on a noté une recrudescence des cas de rougeole, et ce au Québec comme au Canada et aux États-Unis.

La rougeole peut occasionner des otites, des pneumonies et des convulsions. Une fois sur mille, elle peut causer une encéphalite — en d'autres termes, une irritation du cerveau — qui peut à son tour entraîner des dommages permanents au cerveau.

Depuis une dizaine d'années, on a mis sur pied dans les pays du tiers-monde une campagne systématique de vaccination. L'immunisation d'un enfant coûte moins de cinq dollars; en 1985 seulement, cette campagne a permis de sauver plus d'un million de petites victimes.

La coqueluche

La coqueluche provoque, elle, de violentes quintes de toux qui ressemblent à une sorte de chant du coq. C'est de là que lui vient son nom. C'est une maladie souvent pénible qui peut durer plus de deux mois. Après un rhume apparemment banal, la toux monte en crescendo. Les quintes deviennent de plus en plus intenses et se terminent souvent par des vomissements.

La coqueluche menace à tout âge, mais atteint particulièrement les jeunes enfants. Surtout les très jeunes, chez qui elle cause le plus de dommages. Quand elle les attaque, ils se déshydratent et peuvent même mourir d'un arrêt respiratoire. La mère, en mettant son enfant au monde, ne lui donne pas d'anticorps protecteurs contre la coqueluche, contrairement à ce qui se produit avec d'autres maladies contre lesquelles les enfants sont protégés pendant les premiers mois de leur vie.

Quand la maladie s'installe, la médecine est plutôt à court de moyens. Les sirops contre la toux sont complètement inutiles. Tout ce qu'il est possible de faire pour soulager le malade, c'est d'aspirer ses sécrétions nasales avec une poire. On peut aussi diminuer ses vomissements en lui offrant plusieurs petits repas au cours d'une journée. Les antibiotiques peuvent améliorer l'état du malade lorsqu'on les administre tôt dans l'évolution de la maladie. Par contre, lorsque les quintes de toux se sont bien établies, les antibiotiques ne produisent aucun effet.

La prévention est et reste la meilleure arme contre la coqueluche. Malheureusement le vaccin dont on dispose n'est pas aussi efficace que celui qui a été mis au point pour d'autres maladies, comme la rougeole ou la rubéole. Il protège tout de même 80 p. cent des enfants qui le reçoivent. L'idéal est encore de suivre le programme complet qui comprend quatre injections, entre deux et 18 mois, et un rappel entre quatre et six ans. Il est important de commencer dès l'âge de deux mois afin d'assurer le maximum de protection aux jeunes bébés. On doit redoubler de vigilance car il y a, depuis quelques années et sans que l'on comprenne pourquoi, une recrudescence notable de cette maladie.

La varicelle

Quant à la varicelle, c'est la moins grave mais aussi la plus contagieuse de toutes les maladies que les enfants attrapent. Pas étonnant qu'on l'ait surnommée la «picote volante»! Avec elle, pas moyen de passer inaperçu : après une période d'incubation de deux à trois semaines, des taches rouges se transforment graduellement en petites cloques, qui apparaissent partout sur la peau et même dans la bouche.

La varicelle, ça pique! Et il faut absolument empêcher l'enfant de se gratter car les boutons s'infectent facilement.

Pour soulager ces démangeaisons, le mieux, c'est encore de baigner l'enfant fréquemment dans une eau à laquelle on ajoute une bonne quantité de soda à pâte. Certaines personnes croient aux vertus de la calamine pour apaiser l'irritation, mais l'utilité de ce produit est très douteuse. Quant aux lotions qui combinent la calamine avec un antihistaminique (*Caladryl*^{MD}), elles sont à éviter absolument car les produits qu'elles contiennent peuvent être absorbés par la peau et causer des intoxications. De plus, ces lotions peuvent causer une irritation de la peau.

La majorité des enfants font un peu de fièvre — ou pas du tout — mais certains peuvent en faire beaucoup, surtout lorsqu'ils ont de nombreuses lésions. Si la température monte, on peut donner de l'acétaminophène. Encore une fois, il vaut mieux éviter l'aspirine pendant cette période. Elle risquerait d'entraîner des complications au contact du virus de la varicelle.

Environ sept jours après le début de l'éruption, les boutons se transforment en croûtes sèches. Dès lors, l'enfant n'est plus contagieux et il peut retourner à l'école ou à la garderie.

Le zona

Quand on a déjà eu la varicelle, on est immunisé pour toujours. Cependant, le virus dort en nous et il peut se réveiller sous une autre forme qu'on appelle le «zona». Des cloques apparaissent alors sur la peau, et se concentrent sur le trajet d'un nerf. Chez l'enfant, le zona n'est pas grave mais chez l'adulte, la douleur est prolongée et toujours difficile à maîtriser. Quand une personne est atteinte du zona, les autres n'ont pas à craindre de l'attraper. S'ils attrapent quelque chose, ce sera la varicelle...

On teste en ce moment un vaccin contre la varicelle. Il servira particulièrement aux enfants victimes de certaines maladies, comme la leucémie, qui s'en prennent au système de défense. Ces enfants peuvent en effet connaître de graves complications au contact du virus de la varicelle.

BONNE NOUVELLE...
UN NOUVEAU VACCIN

Arthur est intrigué par toutes ces discussions. «C'est quoi au juste un vaccin?», demande-t-il à la ronde. Avec beaucoup de sérieux, grand-maman lui explique : «C'est une substance que des scientifiques préparent à partir des microbes d'une maladie. On traite ces microbes pour qu'ils soient moins dangereux, puis on les inocule à une personne, et son système s'habitue ainsi à vivre avec eux. Si la maladie se présente alors avec force, des anticorps sont déjà prêts à la combattre.» «Mais parfois, ajoute grand-papa, c'est long avant que l'on trouve le vaccin efficace contre une maladie. Par exemple, je sais que dans les laboratoires, on travaille depuis des années et des années pour créer une vaccin capable de lutter contre un microbe qui s'appelle hæmophilus influenza B. *Et on a enfin réussi, récemment, à stopper les effets de ce redoutable microbe.»*

C'est vrai, le mot est juste. L'*hæmophilus influenza* de type B est un microbe terrible. Il cause des maladies graves comme l'épiglottite (une infection grave du larynx) ou la méningite bactérienne (une inflammation des méninges). Cette dernière maladie entraîne parfois la mort ou laisse des séquelles au cerveau.

Dernièrement, on a réussi à mettre au point un vaccin efficace contre ce microbe, vaccin que l'on trouve chez la plupart des médecins. À cause des dégâts importants que la maladie peut causer à ceux qui en sont victimes, il est essentiel que les enfants âgés entre un an et demi et cinq ans le reçoivent, surtout ceux qui fréquentent la garderie.

Pour le moment, le vaccin n'est pas recommandé aux enfants de moins de 18 mois. Pourtant, la moitié de ceux qui sont touchés par la bactérie ont entre six et 12 mois! Il existe désormais un vaccin pour les nourrissons. On l'utilise présentement aux États-Unis, et il sera bientôt disponible au Canada. On le donnera en même temps que les vaccins qui combattent la polio et la coqueluche. C'est tout un progrès!

L'ANÉMIE DU NOURRISSON

Au début de l'après-midi, Hélène s'installe dans la cuisine pour préparer le repas d'Antoine. En plus de faire chauffer du lait, elle lui sort une purée à la viande et aux légumes. Virginie, qui aime bien passer ses commentaires, lui pose des questions. «Je croyais que les petits bébés, ça ne buvait que du lait?» «Non, répond Hélène. Il faut faire attention quand on ne donne que du lait, car les bébés peuvent souffrir de l'anémie du nourrisson.»

C'est juste. Il s'agit d'une anémie par manque de fer. Parmi les maladies hématologiques (du sang), c'est la maladie que l'on retrouve le plus souvent chez les petits enfants.

Le corps d'un enfant contient 0,5 g de fer, alors que celui d'un adulte en contient 5 g. Pour combler cette différence, l'enfant doit absorber presque 1 mg de fer chaque jour, pendant 15 ans. Comme il s'en perd normalement une certaine quantité, il faut compenser.

Un régime équilibré doit donc contenir quotidiennement de 8 mg de fer pour les bébés de 5 à 12 mois à 15 mg pour les enfants de 4 à 12 ans, car à peine 10 p. cent de ce fer est absorbé chaque jour. Pour l'enfant, le fer contenu dans le lait maternel est le plus facile à absorber. Les enfants nourris exclusivement au sein n'ont pas besoin d'un apport de fer supplémentaire avant l'âge de six mois. Si les solides sont introduits plus tôt, ils devraient contenir une quantité adéquate de fer. Après l'âge de six mois, l'enfant allaité doit recevoir davantage de fer sous forme de céréales fortifiées ou d'autres aliments riches en fer. Après le sevrage, il devrait recevoir du lait maternisé enrichi de fer. Si l'enfant n'est pas allaité, on conseille ce lait enrichi dès la naissance. Après l'âge de quatre à six mois, les céréales fortifiées lui procureront une source additionnelle de fer.

Quand l'anémie survient, on remarque chez l'enfant des symptômes de fatigue, d'irritabilité, de baisse de tolérance au jeu et une diminution de l'appétit. On note souvent une certaine pâleur.

Comment éviter l'anémie?

Il arrive souvent que les enfants absorbent trop de lait après six mois. Non seulement cela les empêche de recevoir une quantité de nourriture solide plus riche en fer, mais un apport démesuré en lait, à cet âge, peut créer une irritation intestinale accompagnée de pertes sanguines dans les selles. En perdant du sang, l'enfant perd du fer. Et l'irritation provient souvent de protéines bovines de lait entier.

Pour ces raisons, le lait de vache ne devrait pas être introduit dans la diète avant l'âge de neuf à douze mois. Si on l'utilise après six mois, il faut s'assurer qu'il est accompagné d'aliments solides (céréales, fruits, viande et substituts). Ainsi, les aliments compensent pour les déficiences de ce lait, les céréales et la viande apportant le fer dont le bébé a besoin.

Bien sûr, le lait demeure la base de l'alimentation pendant la première année. Après six mois, les quantités quotidiennes de lait devraient diminuer à 750 ml.

À propos de la viande

- Au début, on doit donner 15 ml (1 c. à thé) de viande le midi et augmenter ensuite lentement. Avant l'âge d'un an, les besoins en viande sont de 1/2 à 1 pot par jour (3 à 6 c. à table).
- Si le bébé mange de tout et prend 125 ml (1/2 tasse) de céréales par jour, une petite quantité de viande ou de substitut suffit.
- Il ne faut pas ajouter de sel ou de beurre aux purées maison. Parmi les purées commerciales, il vaut mieux choisir les pots de viande pure ou les dîners «viande et légumes» qui contiennent plus de viande que ceux qui sont étiquetés «légumes et viande». Il faut se rappeler que le premier mot désigne ce que l'on retrouve en plus grande quantité dans la purée.
- On doit éviter les viandes épicées qu'un jeune bébé tolère plus difficilement. On peut commen-

cer à épicer la nourriture vers l'âge de 11 ou 12 mois.

- On ne donne aux bébés ni hot-dog, ni jambon, ni salami. Ces aliments contiennent beaucoup trop de sel et de gras.
- On évite les viandes sauvages de gibier à moins de pouvoir reconnaître avec certitude une viande saine et de bien la faire cuire.
- Les abats sont à éviter, car ils sont souvent contaminés par le cadmium.
- L'enfant peut commencer par de l'agneau, du poulet et de la dinde. Ces viandes contiennent des protéines peu allergènes. On introduira ensuite le veau, le boeuf et le foie.
- Si le bébé ne mange pas de viande, il faut lui assurer chaque jour un apport de 570 ml à 710 ml (de 20 oz à 25 oz) de lait enrichi de fer et d'au moins 125 ml (1/2 tasse) de céréales de bébé. En tant que valeur de remplacement en protéines (mais non en fer), 1/2 pot de viande équivaut à un oeuf ou à 75 ml (1/4 tasse) de fromage cottage.

À propos des substituts de la viande
- Les cousins de la viande sont la volaille, le poisson, les noix et les graines. De 56 g à 85 g (de 2 à 3 oz) de viande équivalent à 125 ml (1/2 tasse) de noix ou à 250 ml (1 tasse) de légumineuses.
- Rappelons que le poulet est plus gras que la viande rouge. Le boeuf est 50 p. cent plus maigre et contient 21 p. cent moins de cholestérol qu'en 1979. Il contient des protéines complètes que notre organisme ne peut fabriquer et qui sont

essentielles pour les tissus de notre corps. Il contient des vitamines et des minéraux de fer qui sont mieux assimilés que ceux qui proviennent des céréales et des légumes.

- Vers l'âge de deux ans, les enfants dédaignent souvent la viande alors que leur croissance entraîne de grands besoins en fer. Bien qu'ils représentent une excellente valeur en protéines, le fromage et le yogourt ne remplacent pas la viande car ils ne contiennent aucun fer. Pour remédier à ce problème, il faut d'abord ne pas trop s'en faire : offrez des repas variés. Par exemple, nappez la viande de sauce tomate; les enfants raffolent de cette sauce. Évitez les steaks trop cuits et pensez à servir souvent des légumineuses dont les couleurs et les formes offrent une belle variété. On y trouve une abondante source de fer.

CE N'EST QUE DE L'EAU? OUI, MAIS... DANGER

Par cette belle journée du début de l'été, une partie de la famille se dirige vers la rivière. On y prend le dessert, fruits et biscuits bien disposés sur une vieille couverture de laine. Après, on se baignera. L'eau est froide mais tellement bonne! Et il y a une petite chute à deux pas qui permet de prendre une bonne douche. «Soyez prudents, les enfants! lance Marie-Claire. Ici c'est comme à la piscine, il faut faire très attention».

Marie-Claire a raison. Ce n'est pas tant de se baigner qui entraîne un danger que le fait que l'endroit n'est pas toujours suffisamment surveillé. Les statistiques parlent d'elles-mêmes. Au Québec seulement, on compte environ 400 noyades par année. C'est la deuxième cause de mortalité chez les moins de 15 ans. En fait, près de 20 bambins de moins de quatre ans se noient chaque année au Québec!

Une noyade, c'est comme un accident de la route : on croit que cela n'arrive qu'aux autres. On ignore souvent les capacités des enfants. Pourtant quelques instants de distraction suffisent pour qu'un enfant ait le temps de grimper sur une pataugeoire ou de tomber dans une piscine. On le sait d'ailleurs : les enfants peuvent se noyer dans quelques pouces d'eau!

Les dangers reliés aux piscines et aux pataugeoires vont des algues qui se forment sur le caoutchouc jusqu'aux jouets que les gens ont tendance à prendre pour des ceintures de sauvetage. Avoir une piscine, c'est accepter de fournir une surveillance incessante et établir des règlements très stricts.

Voyons un peu ce qui se vend sur le marché.

Piscines gonflables en vinyle rigide
- Pratiques, peu coûteuses, les piscines gonflables en vinyle rigide se placent à peu près n'importe où. Elles exigent peu d'entretien et consomment très peu d'eau.
- Des dépôts d'eau entre les boudins risquent de créer des algues. Même si l'eau est changée régulièrement, elle risque d'être contaminée par

cette formation de bactéries qui peuvent engendrer des infections de la peau. Il faut donc s'assurer de bien nettoyer la piscine à intervalle régulier (une fois par semaine).

- Le vinyle est un matériau très glissant. L'enfant laissé seul peut glisser et tomber tête première dans l'eau. La panique fait le reste. Pour éviter que l'enfant ne glisse, il est bon de suivre ce petit truc : on enlève l'eau, on assèche la piscine au soleil et on y pose des collants antidérapants, comme ceux qui vont dans une baignoire.

- Ces piscines n'ont pas de fond dur. Avant de les installer, assurez-vous que le sol est de niveau et qu'aucune branche ou objet pointu (comme une roche) ne peut percer la toile et blesser l'enfant. Il est bon d'installer un tapis isolant sous la piscine (vous pouvez vous en procurer chez tout marchand de piscine).

Pataugeoires à jet d'eau

- L'entretien de la pataugeoire à jet d'eau est le même que pour les piscines gonflables.
- Le jet d'eau n'est pas recommandé pour les enfants de moins de cinq ans. L'enfant sera attiré par ce jet d'eau et pourra le recevoir dans les yeux ou encore en avaler une bonne gorgée, ce qui risque de l'étouffer.
- Le boyau d'arrosage devrait toujours être retiré de la piscine. L'enfant peut le mettre dans sa bouche et ce n'est pas très hygiénique.

Pataugeoires avec glissoire

- L'entretien de la pataugeoire avec glissoire est le même que pour les piscines gonflables.
- La glissoire présente un certain danger. Les bordures sont faites de polyéthylène robuste. Un jeune enfant (cinq ans ou moins) peut manquer de coordination en glissant et se blesser la tête sur le rebord; il peut aussi manquer d'équilibre, tomber dans l'eau, tête première, et s'étouffer...

Pataugeoires de 45 cm (18 po) de hauteur

- Un enfant peut très bien enjamber ces piscines et se trouver en danger. On ne peut pas vider l'eau après chaque utilisation, car la quantité est trop grande. Pour éviter que les enfants ne s'y retrouvent, on peut installer une toile en la fixant au sol par des roches (une toile simplement déposée sur l'eau n'empêche absolument pas un enfant d'entrer dans l'eau).
- L'avertisseur sonore est un dispositif très pratique qui peut être utilisé afin de s'assurer que personne ne pénètre la piscine sans surveillance. Grâce à deux diodes, une alarme sonore est mise en branle dès qu'un simple remous est senti dans l'eau, ce qui signale toute présence. Ces bricoles se vendent entre 50 $ et 90 $.

Piscines hors terre

- Il faut se faire un devoir de relever la barrière des piscines hors terre lorsqu'elles ne sont pas surveillées.
- Il est important de bien vérifier la condition des rebords métalliques (en ce qui concerne les

anciennes piscines). Avec l'usure, la rouille s'installe et des filaments de métal peuvent blesser les mains des enfants.

- Les bords d'une piscine hors terre ne sont pas faits pour qu'on marche dessus. Ils sont fabriqués en métal très glissant et les petits peuvent facilement y déraper. Il faut interdire les plongeons des bords d'une piscine hors terre : il est trop facile de perdre l'équilibre, de mal tomber et de se cogner la tête sur les bords ou dans le fond de la piscine, qui n'est pas très profonde.
- Les patios de bois sont très glissants. Afin d'éviter de glisser, de tomber à l'eau et de se blesser, il est conseillé d'installer un tapis en simili-gazon. Ce tapis sèche très bien au soleil et vous évitera de vous brûler les pieds sur une surface surchauffée.

Les clôtures

Aucun règlement n'oblige les propriétaires de petites piscines à poser des clôtures. Toutefois, ils sont responsables de ce qui arrive sur leur terrain. Il est donc impératif de prendre des précautions afin d'éviter les visiteurs inattendus. Pour les piscines hors terre ou creusées, les règlements sont les suivants :

- La traverse horizontale du bas de la clôture doit être suffisamment près du sol pour empêcher les enfants de s'y glisser.
- Les poteaux de la clôture doivent se trouver à l'intérieur du terrain (c'est-à-dire du côté de la piscine) pour éviter que les enfants n'y grimpent.

- La barrière de la clôture doit être munie d'un dispositif qui referme automatiquement la porte.
- La clôture ou le mur entourant la piscine devraient, idéalement, avoir au moins 2 mètres (6 1/2 pi) de hauteur.

Le matériel électrique

- Tout matériel électrique placé près de la piscine peut être dangereux. Surtout les appareils radio. L'enfant mouillé qui touche à un appareil électrique en sortant de l'eau peut s'électrocuter. On peut trouver sur le marché des interrupteurs d'électricité qui coûtent 25 $ et qui arrêtent tout courant dès qu'il y a un contact avec de l'eau. Il faut toujours placer les appareils électriques hors de la portée des enfants.
- Si vous devez brancher votre filtreur sur un interrupteur de la maison, ne laissez pas traîner le fil. Creusez et enterrez-le; cela évitera bien des malheurs.

Jouets de piscine

- Les jeunes et les moins jeunes aiment bien avoir des jouets pour agrémenter leur baignade ou se laisser porter sur l'eau. Cependant, ces jouets ne sont pas des gilets de sauvetage. En fait, il ne faut jamais laisser les enfants seuls sous prétexte qu'ils ont des jouets flottants. Un accident est vite arrivé : un jouet peut se dégonfler ou glisser, l'enfant peut l'échapper ou tomber. Même les jouets de plastique utilisés comme matériel d'enseignement (brassards gonflables, ballons dorsaux, etc.) ne peuvent être laissés aux enfants sans la surveillance des adultes.

Dans toutes les sortes de piscines, le gilet est recommandé. Il existe des vêtements de flottaison individuels (VFI) conçus spécialement pour les enfants. Ces VFI sont offerts en trois tailles. N'achetez jamais un VFI trop grand dans l'espoir que votre enfant le porte longtemps. Mal ajusté, un VFI peut même être dangereux.

SOPHIE A FAILLI S'ÉTOUFFER...

Sophie adore les fruits. La semaine dernière à la garderie, elle a failli s'étouffer en mangeant un morceau de pomme. Sa maman était là, la gardienne aussi, les enfants étaient autour, et tout ce beau monde regardait Sophie s'étouffer sans réagir. Pourtant elle pleurait et toussait comme une forcenée!

Que s'est-il passé? Aurait-on dû aider Sophie?

Si l'enfant tousse avec force, inspire et tousse encore, s'il peut parler ou pleurer, cela veut dire qu'il y a échange d'air entre les poumons et l'extérieur. Cela veut dire aussi qu'**il ne faut pas intervenir**. En effet, la toux est un mécanisme très efficace pour déloger un corps étranger des voies respiratoires. Restez près de l'enfant et encouragez-le à tousser.

Par contre, **si la toux est très faible et la respiration de plus en plus difficile**, s'il y a des sons aigus et inégaux, c'est que le corps étranger obstrue davantage les voies respiratoires et qu'il est plus difficile à déloger. *Il faut alors intervenir rapidement.* Sinon, il pourrait y avoir un arrêt respiratoire.

Comment intervenir si l'enfant ne tousse pas?

Pour un *enfant de plus d'un an*, on recommande la manoeuvre de Heimlich modifiée. Si l'enfant est incapable de parler, de respirer ou de tousser, rassurez-le d'abord en lui disant que vous allez l'aider. Procédez ensuite comme suit :

- L'enfant doit être couché sur le dos; s'il est couché par terre, agenouillez-vous aux pieds de l'enfant. Si l'enfant se trouve sur une table, tenez-vous à ses pieds.
- Placez la paume de la main entre le nombril et la cage thoracique; posez votre deuxième main sur le dessus de la première.

1 *Appliquez une série de 6 à 10 poussées abdominales rapides vers l'intérieur, puis vers le haut, jusqu'à ce que le corps étranger soit expulsé.*

- Quand l'âge de l'enfant se situe entre un et huit ans, la force d'une seule main suffit, car la paroi abdominale et les viscères sont encore fragiles. Si l'enfant perdait conscience au cours de cette manoeuvre, il faudrait cesser immédiatement et alerter de toute urgence les services médicaux.

Pour l'*enfant de plus de huit ans*, on peut procéder comme avec un adulte :

- Placez-vous derrière l'enfant.
- Entourez sa taille de vos bras, poings fermés.
- Appuyez sur l'abdomen de l'enfant, à l'aide de poussées rapides vers le haut.

2 *Si l'expulsion ne s'est pas produite en utilisant la manoeuvre d'Heimlich, ouvrez la bouche de l'enfant, et saisissez-lui la langue et le menton entre le pouce et l'index.*

- Tirez doucement vers le haut : le fait de soulever la langue et le menton permet de dégager l'arrière-gorge.
- Répétez l'opération jusquà ce que vous voyiez le corps étranger, et retirez-le délicatement. Évitez de balayer à l'aveuglette avec les doigts.

3 *Si la respiration ne revient toujours pas, pratiquez la* **respiration artificielle.**

4 *Si vous n'obtenez toujours pas de succès, répétez les étapes 1 à 3, tout en cherchant rapidement à obtenir l'aide des* **services médicaux d'urgence.**

Si votre *enfant a moins d'un an*, la manoeuvre diffère.

1 *Placez le bébé à cheval sur votre bras, la tête plus bas que le tronc; posez votre avant-bras*

sur votre cuisse et soutenez fermement sa
tête par la mâchoire.

2 Donnez rapidement quatre tapes dans le dos,
entre les omoplates du bébé, avec la paume
de votre main. Retournez ensuite l'enfant, en
vous aidant de votre main libre pour soutenir
sa colonne vertébrale.

• Une fois retourné, il reposera sur le dos, couché
sur votre cuisse, la tête toujours plus bas que le
tronc, pour favoriser l'expulsion.

3 Si l'obstruction persiste, soutenez sa tête, et
donnez quatre poussées thoraciques, à l'aide
de deux doigts seulement.

4 Si l'obstruction dure toujours, ouvrez doucement la bouche du bébé; saisissez-lui la langue et le menton entre le pouce et l'index;

tirez doucement vers le haut, et répétez l'opération jusqu'à ce que vous voyiez le corps étranger. Retirez-le doucement. Évitez toutefois le balayage à l'aveuglette qui pourrait aggraver l'obstruction.

5 *Si la respiration ne revient pas, pratiquez la* respiration artificielle, par la méthode du bouche-à-bouche ou du bouche-à-bouche en couvrant le nez.

6 *Si vous n'obtenez toujours pas de succès, répétez les étapes 1 à 5, tout en cherchant rapidement à obtenir l'aide des* services médicaux d'urgence.

• *Si l'enfant perdait conscience au cours de ces manoeuvres, il faudrait alerter tout de suite les services médicaux d'urgence.*

Comment éviter les étouffements?

Hélène raconte qu'elle a perdu patience l'autre jour devant Martin qui lui réclamait depuis une heure ses biscuits au chocolat préférés. On avait beau être au milieu de l'après-midi, Hélène a décidé d'acheter la paix en donnant au petit Martin l'objet de sa convoitise. Celui-ci, plus qu'heureux, est immédiatement retourné devant le téléviseur. Mais croyez-vous qu'il a attendu d'être assis avant de prendre sa première bouchée?

Les enfants en bas âge sont très sujets aux étouffements. Leurs voies respiratoires sont petites et ils ont l'habitude de tout se mettre dans la bouche. Il n'est donc pas surprenant que l'étouffement soit un danger qui les guette. Par conséquent, le meilleur remède est la prévention.

Il faut donc
- éviter de laisser courir un enfant avec un aliment dans la bouche;
- obliger l'enfant à s'asseoir s'il veut avoir à manger;
- lui montrer comment bien mâcher ses aliments.

Avec quoi les enfants s'étouffent-ils le plus souvent?
- Les saucisses à hot-dog. Elles sont du même format que la trachée de l'enfant et leur pelure glisse facilement dans la gorge. Elles ne devraient jamais être servies à des enfants de moins de quatre ans. En fait, elles ne devraient pas être servies du tout, car elles n'ont aucune valeur nutritive!
- Les pommes avec leur pelure. L'enfant prend de petites mordées auxquelles s'attache une longue pelure. Quand on sert des pommes à des enfants de moins de trois ans, il faut toujours enlever la pelure.
- Le céleri, les bouts de carottes et les raisins. Ces aliments ne devraient pas être servis à des enfants de moins de quatre ans.
- Popcorn, arachides et bonbons. Ils sont à proscrire pour les jeunes enfants, jusqu'à quatre ou cinq ans. S'ils sont servis à l'occasion d'anniversaires ou de fêtes, il faut surveiller de très près les jeunes consommateurs.
- Morceaux de jouets brisés et petits objets. Lisez attentivement les étiquettes des animaux en peluche et des jouets. On y indique souvent l'âge recommandé pour l'utilisateur. Si les jouets sont

brisés, n'attendez pas que le plus jeune en mette un morceau dans sa bouche. Réparez-le aussitôt.

LES BLESSURES DUES À L'ENTRAÎNEMENT

Marianne, la fille de Marie-Claire, raffole de la danse. Elle ne manque pas une occasion de faire des pirouettes et des arabesques. L'été, elle s'adonne à la natation. Depuis deux ans, elle a tant grandi qu'on pense la mettre dans la classe des grandes. Mais elle a souvent des maux de dos et sa mère tente de la convaincre d'arrêter de danser pendant quelque temps. Est-ce là une bonne idée?

Il est probable que Marianne a mal au dos à cause de ses exercices intensifs. Non qu'ils soient mauvais en soi, mais au cours de l'adolescence, une croissance rapide provoque souvent ce genre de malaises. Les adolescents sont alors vulnérables à toutes sortes de blessures causées par des mouvements sportifs répétitifs qui peuvent devenir une trop grande charge pour leurs articulations.

Par conséquent, les entraîneurs sportifs et les professeurs de danse ont la responsabilité de surveiller de près l'entraînement régulier et intensif qui a lieu à cet âge; parfois, il vaut même mieux l'arrêter pendant un certain temps.

Selon les statistiques rapportées par *Enquête condition physique Canada,* les jeunes de 10 à 19 ans se trouvent dans la fourchette d'âge considérée comme la plus active chez tous les Canadiens et Canadiennes, avec 64 à 77 p. cent des personnes qui s'adonnent régulièrement à une activité physique pendant au moins trois heures par semaine et cela, neuf mois par année.

Le taux de blessures causées par les activités sportives chez les jeunes n'est pas plus élevé que dans d'autres groupes d'âge. Les causes générales de blessures sont d'ailleurs sensiblement les mêmes : manque de préparation générale, équipement défectueux et surface de travail inadéquate.

Le phénomène de croissance provoque souvent des blessures sportives aux adolescents. L'adolescent grandit habituellement deux fois plus rapidement pendant cette période que pendant son enfance. Il en résulte deux conséquences : sur le plan de la musculature squelettique, on remarque souvent un manque de flexibilité et un déséquilibre relatif entre la force musculaire et la taille.

Cela provient du fait que l'ossature grandit avant que les muscles et les tendons ne s'étirent. C'est d'ailleurs la croissance osseuse qui déclenche le processus de croissance et d'étirement des muscles et des tendons. Les os prennent donc une bonne avance et créent ainsi un manque de flexibilité. Le phénomène ressemble à des cordes de guitare trop tendues. Des vibrations répétées sur ces cordes risqueraient de les user plus rapidement et pourraient même les casser; si on transpose l'analogie sur le corps humain, la brisure des cordes devient déchirure des tendons. C'est ce qui se produit souvent chez les adolescents.

Des cas bien spécifiques

Les blessures de croissance se produisent souvent lors d'activités qui demandent la répétition d'un geste sollicitant une même articulation. Ainsi en est-il de la natation qui exige un mouvement répétitif de l'articulation de l'épaule.

L'épaule, chez un adolescent en pleine croissance, présente des faiblesses au niveau des cartilages. Le nageur qui s'entraîne plusieurs heures par semaine peut subir une blessure due à la surcharge de travail, c'est-à-dire qu'un trop grand stress répétitif est imposé à l'articulation. Ainsi, en nageant le crawl, on oblige le bras à faire toujours le même mouvement. Plus le nageur s'exerce, plus il risque d'user son articulation.

Parfois, une douleur peut être causée par un défaut technique, par exemple un manque de souplesse (ce qui est propre à la période de croissance). Pour corriger son problème, l'athlète ou le danseur doit alors faire des exercices en dehors de son temps d'entraînement, en prenant soin bien sûr de ne pas trop imposer de travail à l'articulation en cause.

Des entraîneurs consciencieux

Les entraîneurs doivent donc posséder certaines connaissances en physiologie. Ils peuvent alors prendre en considération le phénomène de croissance propre à l'adolescence.

L'encadrement doit être fait avec sérieux, que ce soit pour la danse ou pour le sport. Les professeurs et les entraîneurs n'ont pas à être des maîtres en physiologie de l'exercice, mais il faut qu'ils soient à l'écoute des jeunes. Lorsqu'un problème se présente (douleur dans certaines articulations, manque de souplesse), ils doivent pouvoir recommander une diminution dans l'intensité du travail pendant un certain temps. Il peut même arriver que le travail doive être complètement arrêté, s'il faut par exemple remédier à une inflammation.

Les entraîneurs et les professeurs de danse doivent être conscients que la croissance varie d'un enfant à l'autre. Ils ne doivent donc pas considérer uniquement la taille de l'enfant. L'enfant très grand n'a pas les muscles plus résistants qu'un enfant plus petit. Il peut présenter plus de force, mais cela ne le rend pas invulnérable aux blessures de surcharge.

Des adolescents et non des petits adultes

S'il est recommandé d'encourager les jeunes à faire de l'exercice, il est toutefois préférable de les orienter vers plusieurs sports.

De nombreux parents rêvent d'avoir un adolescent ou une adolescente qui excelle dans une activité, mais les jeunes ne doivent jamais devenir le jouet des adultes.

LES SAIGNEMENTS DE NEZ

On s'ébat dans l'eau de la rivière, on se lance de l'eau, on se lance le ballon et, surtout, on rit. Tout à coup, Sophie, en voulant attraper le ballon, donne un coup de poing sur le nez de son cousin Arthur. Quel cri! On croirait qu'il vient de se faire poignarder! Il faut dire que le spectacle est impressionnant : Arthur s'est mis à saigner du nez. C'est comme si un robinet s'était ouvert! Comment faire pour arrêter cette hémorragie?

Même si on essaie de les éviter, les coups sur le nez pendant un jeu ou un sport font saigner! Pour arrêter le sang de couler, il faut d'abord se tenir assis ou debout, pencher la tête légèrement vers l'avant et comprimer les narines en respirant par la bouche pendant une dizaine de minutes; cela résout généralement le problème. Et on évite d'avoir à se moucher pendant des heures! Quand le saignement est terminé, on peut reprendre ses activités, en y allant doucement...

Les saignements de nez peuvent aussi être causés par des doigts qui fouillent, par l'air sec dans les maisons pendant l'hiver ou par le fait de se moucher trop fort.

En fait, le nez contient de petits vaisseaux sanguins fragiles. L'air ambiant souvent trop sec provoque des croûtes dans le nez qui peuvent causer le saignement. Quelques trucs bien simples peuvent vous aider à prévenir les saignements de nez : utilisez un humidificateur à la maison, appliquez de la vaseline[MD] à l'intérieur des narines et incitez votre enfant à ne pas souffler trop fort en se mouchant.

L'OEIL ET LA TÉLÉVISION

C'est l'heure des dessins animés. Virginie, Sophie et Arthur se sont installés pour les écouter et c'est à peine s'il y a deux pieds entre eux et l'écran. Ils disent que c'est à cause de Martin, le plus jeune, qui ne cesse de passer et de repasser devant le téléviseur. Grand-papa, entrant dans le salon, s'écrie : «Allez, reculez-vous les enfants, sinon vous allez vous abîmer les yeux.»

C'est pour bien faire, évidemment, que grand-papa demande aux enfants de s'éloigner de l'écran. Pourtant, les dernières publications scientifiques sont unanimes : les téléviseurs en bon état n'émettent pas de radiations dangereuses. Un enfant peut les regarder des heures... et de très près. Naturellement, il ne faut pas l'encourager à le faire. Cela pourrait lui fatiguer un peu les yeux. Mais rien de plus. Rien qui pourrait le rendre myope. Quand un enfant lit, quand il regarde la télé de très près, ses yeux s'ajustent facilement, contrairement à ceux des adultes qui n'ont pas la même capacité d'adaptation.

Toutes sortes de raisons expliquent qu'un enfant s'approche de l'écran. L'enfant qui voit mal ou qui entend mal aura des raisons évidentes de s'approcher de la télé. Mais la plupart du temps, il le fait simplement pour obtenir un meilleur contact avec les personnages, pour augmenter sa concentration visuelle ou auditive. Il veut empêcher que son petit frère, sa petite soeur ne s'interpose entre lui et la boîte magique. Pour améliorer la situation, vous pouvez toujours augmenter le volume ou installer un haut-parleur à l'arrière de la pièce.

Mais ne vous inquiétez pas : ce qui compte ce sont les *Schtroumpfs, Passe-Partout* et... *Comment ça va?!*

ON N'EST JAMAIS TROP JEUNE POUR LES SIÈGES D'AUTO

Quand Antoine est né, on l'a transporté de l'hôpital à la maison en voiture, comme on avait fait pour les deux autres enfants. Seulement, cette fois-ci, un automobiliste distrait a freiné à la dernière

minute devant la voiture dans laquelle le nouveau-né se trouvait. Richard, par bonheur, l'a vu faire à temps et a réussi à l'éviter en manoeuvrant vers la droite. Richard et Hélène ont alors pris conscience de ce qui se serait passé si la collision avait eu lieu... Dès le lendemain, Richard est allé au CLSC le plus près de la maison pour louer un siège d'auto fait spécialement pour les petits bébés.

Trop souvent, les parents sortent de l'hôpital sans expérience, sans trop de soutien et aussi, malheureusement, sans siège d'auto pour enfant.

Une des dernières études québécoises révèle qu'environ 40 p. cent seulement des enfants de moins de quatre ans sont protégés adéquatement en auto! C'est donc dire que six enfants sur dix courent un risque en cas de collision ou même simplement lors d'un arrêt brusque.

Dans l'exemple précédent, Antoine n'aurait pas du tout été protégé si la collision avait eu lieu, même si Hélène était attachée. Lors d'un impact, la force exercée par un bébé de 3,6 kg (8 lb) équivaut instantanément à 135 kg (300 lb).

Tous les bébés naissants peuvent être attachés facilement dans un siège d'auto, même les prématurés! Il n'y a vraiment aucune raison de ne pas protéger son enfant. Seul le siège d'auto conçu pour les nouveau-nés le fait efficacement. On l'utilise jusqu'à ce que l'enfant pèse 9 kg (20 lb). Il doit être attaché à la banquette et orienté vers l'arrière de la voiture. Quand l'enfant atteint 9 kg (20 lb) ou 18 kg (40 lb) selon le type de siège utilisé, et quand ses oreilles arrivent à égalité avec le haut de l'appui-dos, on l'installe dans un siège d'auto pour enfants, retenu à la base par une ceinture de sécurité et, en haut, par une courroie d'ancrage fixée à l'arrière du véhicule.

Cette courroie, que plusieurs négligent de fixer, est de première importance en cas d'accident pour éviter que le siège ne bascule et n'écrase l'enfant.

Vers l'âge de quatre ans ou lorsque le milieu de l'oreille de l'enfant dépasse le haut du siège, on remplace le siège d'auto par un siège d'appoint qui lui permet de voir à l'extérieur et de placer la ceinture adéquatement sous l'abdomen, sur ses hanches. En utilisant un siège pour enfant bien fixé, les risques de décès en cas d'accident sont réduits de 93 p. cent et les risques de blessures graves, de 70 p. cent. Et il est si facile de se procurer un siège d'auto : on peut l'acheter, l'emprunter ou le louer dans un CLSC.

Quand vient le temps de choisir le siège d'auto ou le siège d'appoint, il est important de s'assurer qu'il est approuvé par l'ACNOR (Association des standards et des normes canadiennes des produits de consommation). Ensuite, il s'agit que vous ne vous cassiez pas la tête chaque fois que vient le temps de l'utiliser. Tout doit se faire rapidement et agréablement. Quand vous installez bébé dans son siège, profitez de cette proximité pour jouer et caresser votre enfant afin qu'il associe ce moment à quelque chose d'agréable. Bientôt, il s'assoira tout seul et exigera même qu'on l'attache quand il sera dans la voiture des autres.

DANGER, POISON!

Sophie et Virginie vont souvent s'amuser dans la salle de bain. Elles adorent sentir les parfums de grand-maman, de même qu'ouvrir et refermer ses flacons et ses pots de crème. Mais il y a une armoire qu'elles n'arrivent jamais à ouvrir; cela les intrigue beaucoup et elles se demandent quels trésors y sont cachés. Aujourd'hui, elles se sont décidées à le demander à grand-maman. «Il n'y a aucun trésor dans cette armoire, répond-elle, mais plutôt des produits toxiques. Je mets là des médicaments et des produits domestiques, comme des savons forts, des boules à mites et de l'eau de Javel.»

Grand-maman a bien raison de cacher ces produits. Dans un foyer moyen, on trouve cinq médicaments prescrits, dix produits médicamenteux non prescrits et de très nombreux produits domestiques potentiellement toxiques.

Non seulement le problème est-il fréquent, mais les agents d'intoxication sont multiples. En Amérique du Nord, il existe au moins 400 000 produits domestiques et industriels répertoriés, sans compter les médicaments...

«Mais tu sais bien grand-maman qu'on n'ira pas avaler de l'eau de Javel. On n'est pas folles!», s'écrient les deux cousines. Et grand-maman de répondre : «Quand j'étais jeune maman, il m'est arrivé une aventure que je n'oublierai jamais. Marie-Claire avait alors trois ans. Je m'apprêtais à faire la lessive et je venais de mettre de l'eau de Javel dans une tasse lorsque le téléphone a sonné. J'ai déposé la tasse pour aller répondre. Pendant ce temps, ma fille s'est approchée et, comme elle avait soif, elle s'est mise à boire à même la tasse qui traînait sur le comptoir. Heureusement, je suis revenue assez vite pour qu'il n'y ait pas trop de dégâts. Mais ça aurait pu être tellement plus grave...»

Marie-Claire aurait pu en effet subir des conséquences plus graves. Elle aurait pu avoir l'estomac très irrité, vomir et s'étouffer. Avec certains produits qui traînent dans une maison, elle aurait pu mourir. En cas d'empoisonnement, il y a différentes étapes à suivre.

1. **Trouver le contenant et surtout l'étiquette du produit en cause. Il faut alors téléphoner immédiatement au centre antipoison de votre province, même si l'incident semble anodin. Au Québec : 1 800 463-5060.**

2. Le centre antipoison vous conseillera une de ces deux méthodes :

   a) Faire vomir pour vider le contenu de l'estomac. Le sirop d'Ipéca acheté sans prescription à la pharmacie provoque rapidement le vomissement chez la majorité des enfants de moins de cinq ans. On utilisera entre 10 ml et 30 ml (2 c. à thé et 2 c. à soupe) de ce sirop, suivis d'une certaine quantité d'eau, selon l'âge de l'enfant.

   b) Utiliser une préparation de charbon de bois qui se lie facilement au poison et l'empêche d'être absorbé par l'organisme. On recommande souvent cette solution quand le poison a été absorbé depuis plus d'une heure ou deux. Cette solution sera appliquée en milieu hospitalier.

3. Il ne faut pas faire vomir si l'enfant intoxiqué est somnolent, inconscient ou s'il a des convulsions. Il pourrait alors aspirer ses vomissements. Il ne faut pas non plus le faire vomir s'il a absorbé une substance corrosive (comme de la soude caustique) ou des hydrocarbures (comme de l'essence).

AVANT DE FAIRE
QUOI QUE CE SOIT,
IL FAUT TOUJOURS CONSULTER
LE CENTRE ANTIPOISON
1 800 463-5060

Chaque année, au Québec, plus de 15 000 enfants s'intoxiquent avec des médicaments ou des produits d'usage domestique. Dans la plupart des cas, on aurait pu éviter ces accidents. Il y a trois grandes causes aux empoisonnements : les médicaments qu'on a pris pour des bonbons, les produits d'usage domestique qu'on a voulu avaler et, enfin, les contenants dans lesquels on a transvidé autre chose que le produit d'origine.

Les médicaments

Près de 50 p. cent des appels au centre antipoison y sont reliés.

- Il faut toujours présenter le médicament pour ce qu'il est et non comme du bonbon. Les compagnies pharmaceutiques ont donné à leurs produits des arômes de banane, de cerise, de raisin et même de gomme à mâcher. L'enfant est donc déjà porté à les identifier à des bonbons.
- On doit toujours bien cacher les médicaments. Le fait de les ranger tout en haut de l'armoire ne les met pas nécessairement hors de portée. L'expérience démontre que c'est souvent l'aîné de quatre ou cinq ans qui incite un plus jeune à prendre les produits.
- Il faut faire régulièrement l'inventaire de la pharmacie familiale. De vieux médicaments dont on ne connaît plus l'usage peuvent s'y trouver. Débarrassez-vous aussi des vieux contenants qui n'offrent pas de protection suffisante.
- La «sacoche de maman» est un lieu de prédilection pour les petits enfants. Il ne faut rien y laisser qui puisse être dangereux.

Les produits d'usage domestique

Ces produits ont le don de s'accumuler dans la maison. Ils sont responsables de tant d'empoisonnements qu'il vaut mieux faire le tour de la maison et jeter tout ce dont on ne se servira pas bientôt. Remarquez à quel point on les retrouve partout : sous l'évier de la cuisine, dans la salle de lavage, dans le garage, au sous-sol, dans la remise et même ailleurs.

Ils présentent un danger encore plus grand que les médicaments. Souvent une seule gorgée de certains de ces produits peut causer des lésions très graves, sinon mortelles. Pour un jeune enfant, une boule à mites ressemble à un bonbon, un comprimé de chlore à une pastille à la menthe, une bouteille de Lysol[MD] à une bouteille de jus de pomme...

- L'eau de Javel industrielle utilisée pour les piscines contient quatre fois plus de substances corrosives que sa cousine domestique. N'utilisez jamais cette sorte d'eau de Javel pour la maison. Quand Marie-Claire a bu de l'eau de Javel, elle s'en est tirée avec une irritation gastrique passagère; il en aurait été tout autrement si elle avait bu de l'eau de Javel industrielle.
- Les insecticides et les pesticides de jardin contiennent des substances très toxiques pour le jeune enfant et il n'existe pas toujours d'antidotes à ces empoisonnements.
- Les produits saisonniers tels que l'antigel et les lave-vitres d'auto pendant l'hiver, et les alcools pour allumer le barbecue pendant l'été doivent aussi être gardés hors de portée des enfants.

Les contenants

Il ne faut jamais transvider un médicament ou un produit toxique dans un nouveau contenant. Il est essentiel de toujours garder ces produits dans leur contenant d'origine, avec l'étiquette originale. D'une part, cela évite de nombreux empoisonnements qui ont lieu par méprise; d'autre part, quand il y a effectivement empoisonnement, le fait d'avoir l'étiquette à sa disposition permet un meilleur diagnostic.

Les étiquettes des produits dangereux fournissent beaucoup d'informations. On peut y voir un symbole indiquant le genre de danger que présente un produit. Ce symbole parle de lui-même : la tête de mort indique un poison, la flamme, un produit inflammable; l'explosion nous met en garde contre les produits explosifs et le squelette d'une main, contre les produits corrosifs. En outre, plus le symbole a de côtés, plus le produit est dangereux; c'est ainsi qu'on peut voir les dessins à l'intérieur d'un triangle, d'un losange ou d'un octogone (8 côtés).

CHAPITRE 2

Une nuit à la campagne

Il fait si beau que personne n'est pressé de plier bagage et de retourner à la ville. Grand-maman, qui aime beaucoup la visite, insiste pour que ses enfants et ses petits-enfants restent à coucher. «Il y a des lits pour tout le monde! Et puis ce serait amusant de déjeuner ensemble demain matin.» Bien sûr, les enfants sont d'accord et supplient les parents d'accepter l'invitation de grand-maman. Hélène, Marie-Claire et Denis ne sont pas longs à convaincre. «Bon, c'est d'accord, disent-ils, mais vous allez vous coucher à la même heure que d'habitude.»

C'est donc parti pour un grand souper. Et nourrir onze personnes, ce n'est pas rien!

LA TÉLÉVISION, OUI MAIS PAS TROP!

Autour de la table, on discute maintenant ferme. Les enfants sont heureux de cette réunion familiale improvisée. Bientôt, ils s'inquiètent de savoir s'ils pourront, tout à l'heure, écouter encore la télévision. «Non, ça suffit pour aujourd'hui, répond grand-papa avec autorité. Trop de télévision, ce n'est pas bon.»

Cette fois, grand-papa ne se trompe pas. Ce n'est pas pour les yeux que la télévision est dangereuse, c'est pour la tête!

On parle souvent de violence à la télé, mais curieusement, ce qu'il y a de pire, c'est le nombre d'heures de visionnement. En effet, trop de télé fausse la perception de réalité. Il est normal qu'un enfant laissé à lui-même devant toutes ces images devienne agressif. Si personne n'est là pour répondre à ses peurs et à ses interrogations, l'enfant ne sait plus ce qu'il faut croire. Il n'est pas facile, à quatre ans, de donner le petit coup de pouce qui éteindra cette machine à rêves. La télé remplace souvent la réalité et... on n'éteint pas la réalité!

Pourtant cette invention a de grandes qualités. Les enfants y apprennent la signification de mots nouveaux. Ils y retrouvent des notions de mathématiques et tout un tas de sujets de discussion pour l'école ou la maternelle. C'est comme si on feuilletait un livre d'images avec eux.

Au Québec, les enfants regardent la télé de trois à quatre heures par jour. Il faudrait diminuer ce temps à un maximum de une ou deux heures par jour, pour laisser de la place au jeu, au sport, à la lecture, au dessin, à la musique. On doit d'autre part choisir une programmation qui les divertira et les instruira. Bien utilisée, la télé est une invention formidable. Il suffit de ne pas la laisser nous envahir.

LES JEUNES ET LA DANSE

«Parlons plutôt de ce qui vous intéresse les enfants, suggère grand-papa. Tiens, Sophie, dis-moi ce que tu aimerais faire dans la vie.» «Je voudrais être une ballerine, répond Sophie avec assurance. Je veux être comme ma cousine Marianne et prendre des cours de ballet.»

Sophie pourra effectivement commencer à prendre des cours de ballet, mais il faudra que l'on choisisse avec soin l'école. On peut faire du ballet dès l'âge de trois ans. L'activité en elle-même n'est pas plus dangereuse qu'une autre; c'est la façon de l'enseigner qui peut l'être. Les blessures en danse classique sont souvent causées par un mauvais entraînement. Plusieurs problèmes orthopédiques surviennent par la faute de professeurs qui établissent des objectifs que les jeunes ne peuvent atteindre. Autant pour les filles que pour les garçons de trois à six ans, l'entraînement en ballet ne doit pas être trop rigide. À cet âge, l'accent doit plutôt être mis sur le rythme, la coordination et le plaisir de l'activité.

Les pliés, les pointés, les mouvements de bras sont les premières notions que les jeunes enfants apprennent pour valoriser la force musculaire. Les tours, les arabesques et les pirouettes ne viennent que plus tard, une fois les muscles bien renforcés. Les exercices d'étirements dynamiques ne doivent absolument pas être faits avant l'âge de dix ans. Même à cet âge, il est important de faire des exercices de relaxation pour apprendre à faire les exercices d'étirement sans donner de coups.

COMMENT ÇA VA?

«Tout le monde peut faire de la danse classi-que, lance Denis à la ronde. Il suffit de vouloir!» «Ce n'est pas vrai mon oncle, lui répond Marianne en connaisseuse. À l'école de danse, j'ai vu des élèves qui ont dû s'en aller parce que leurs muscles étaient trop souples. Notre professeur disait : "Tout le monde peut se blesser en faisant de la danse. Mais quand les muscles sont trop souples, les accidents sont presque assurés!"»

Marianne a bien raison, la danse classique n'est pas pour tout le monde. La mobilité des articulations est un facteur à considérer quand on décide d'être danseur ou danseuse. Marianne a connu des enfants qui avaient une grande souplesse, mais ce qui était à première vue une qualité venait d'un manque de force musculaire. Ce défaut peut causer des blessures, à moins que la supervision ne soit extrêmement stricte. Lors de mouvements d'hyperrotation au niveau des genoux par exemple, il pourrait se produire des déchirures entraînant, à long terme, de graves problèmes.

À l'opposé, si une jeune fille ou un jeune garçon n'est pas du tout flexible à dix ans, sa souplesse ne se développera pas tellement une fois la croissance terminée, même avec les meilleurs entraîneurs. Il vaut donc mieux que l'enfant s'adonne à une autre activité que le ballet car, dans ces circonstances, cette discipline pourrait devenir dangereuse. La meilleure façon de savoir s'il est approprié de faire du ballet, c'est d'en parler ouvertement avec le professeur et avec l'enfant.

«Moi je suis sûre que je suis faite pour danser, ajoute Marianne avec enthousiasme. Je vais commencer à faire des pointes l'année prochaine. Mon professeur ne veut pas que je commence avant parce que je n'ai pas fini de grandir.»

Il est sage d'empêcher Marianne de faire des pointes pendant sa croissance. À peu près toutes les petites filles qui font du ballet rêvent du jour où elles chausseront leurs pointes pour la première fois. Mais selon plusieurs médecins, la technique des pointes chez une jeune fille en pleine croissance peut entraîner une hyperextension du gros orteil. Il faut donc attendre que l'enfant ait acquis une certaine force au niveau des pieds, des jambes et du tronc, ce qui se produit rarement avant l'âge de douze ans.

Les pointes exigent une certaine connaissance de base du ballet; les mouvements standard doivent donc être maîtrisés avant que l'enfant ne s'aventure dans des techniques plus avancées.

Le plus grand service qu'un professeur puisse rendre à la jeune ballerine ou au jeune danseur, c'est de l'aider à développer une force musculaire appropriée, une technique correcte, une bonne posture du corps et des membres.

«Une de mes amies va dans une école où il y a une concentration danse, raconte Marianne. La chanceuse, au lieu de s'ennuyer à l'école, elle danse!» *«Elle doit avoir de la difficulté dans les autres matières, s'interroge grand-papa. Pendant qu'elle danse, elle n'étudie pas!»*

Grand-papa se trompe, même si ce qu'il dit est logique. À l'école dont parle Marianne, il semble que les résultats scolaires des élèves de la concentration danse soient constamment au-dessus de la moyenne des autres groupes qui suivent le programme régulier. Pourtant les élèves «danseuses» ont moins d'heures de cours dans ces matières. Elles avouent que le fait de danser les aide à avoir plus d'assurance et à ne pas avoir honte de ce qu'elles sont. Elles sentent qu'elles ont plus d'énergie, plus envie d'aller à l'école et elles se sentent plus calmes. Dans de pareilles conditions, il est plus facile d'apprendre des principes de chimie ou de mathématiques! Selon certains penseurs, le fait de s'adonner intensément à un art améliorerait les facultés à divers points de vue : concentration, capacité d'abstraction, persévérance, mémoire, discipline, créativité, sensibilité, confiance en soi.

Une des dimensions que la danse permet de cultiver, c'est la stabilité et la sociabilité. Dans leurs cours, les élèves retrouvent toujours le même groupe, qui devient rapidement comme une seconde famille. Quand on les interroge, elles sont unanimes : ce qu'elles apprécient le plus, c'est la solidarité du groupe.

La discipline est aussi très importante. Quand les élèves s'inscrivent, on exige d'abord qu'elles aient obtenu au moins 60 % dans toutes les matières de base, mais tout de suite après, on leur demande si elles ont envie de s'impliquer pleinement dans leur cours. Les élèves comprennent alors ce que signifie l'engagement et la discipline. On a parfois l'impression que ce genre de formule permet aux jeunes d'apprendre ce qui ne s'apprend pas habituellement à l'école; du moins cette méthode semble-t-elle plus efficace que n'importe quel discours.

De plus, les élèves sont extraordinairement en forme. Elles apprennent à aimer leur corps et développent de ce fait des habitudes saines, particulièrement en ce qui concerne l'alimentation.

Des programmes comme celui de la concentration danse apprennent aux jeunes à se sentir bien dans leur peau, à être capables de s'affirmer dans la différence, à respecter les autres et à se libérer des tensions. Voilà certes des objectifs que la majorité des gens voudraient atteindre!

LES OREILLES PERCÉES

Marianne est la plus âgée de tous les cousins et cousines. Elle est un peu l'idole de Virginie et de Sophie, qui veulent lui ressembler. Sophie veut danser comme elle; Virginie veut l'imiter en se faisant percer les oreilles.

On perce les oreilles depuis toujours, que ce soit chez la femme ou chez l'homme, chez les plus jeunes ou chez les plus âgés. La façon de les percer suit souvent les tendances de la mode : on perce une seule oreille, les deux ou plusieurs fois la même. On le fait parfois par croyance, comme le marin qui pense que l'oreille percée améliorera sa vision; parfois c'est simplement par tradition, pour faire comme maman, une tante ou une cousine.

Peu importe les raisons pour lesquelles on se fait percer les oreilles, des précautions s'imposent si on veut éviter l'infection. Percer une oreille, c'est comme faire une injection ou prélever un échantillon de sang. L'instrument qui transperce l'oreille franchit la barrière de protection naturelle qu'est la peau et entre en contact avec le sang. On doit donc s'assurer que cet instrument est stérile afin d'éviter tout risque de transmission de bactéries ou de virus. Si l'aiguille qui perce l'oreille est utilisée pour plus d'une personne, elle doit être stérilisée chaque fois et une simple désinfection à l'alcool ne suffit pas. Mais rassurez-vous! De nos jours, les endroits qui offrent ce service utilisent un poinçon à l'extrémité duquel s'adapte une boucle d'oreille que le client achète, et c'est la boucle elle-même qui perce l'oreille. Si les boucles sont bien scellées dans leur emballage original, on peut y aller en toute confiance.

Pendant les quatre ou six premières semaines, on doit désinfecter deux fois par jour les oreilles, avec un antiseptique comme l'alcool. On doit aussi surveiller tout signe d'infection ou d'allergie : démangeaisons, écoulement, rougeur, chaleur ou enflure de l'oreille. Si un de ces signes apparaît, on retire les boucles et on continue de désinfecter localement. L'orifice se referme alors et ce n'est que partie remise. Si les signes d'infection ne disparaissent pas dans les 48 heures, il faut consulter un médecin.

On doit aussi porter une attention particulière aux enfants qui se font percer les oreilles : ils doivent le moins possible porter les mains à leurs oreilles. Les mains, surtout celles d'un enfant qui touche à tout et qui rampe par terre, risquent d'infecter plus facilement les lobes fraîchement percées. Par contre, il est rare que les petits enfants fassent des allergies aux métaux, comme c'est souvent le cas avec les adultes.

Quand on veut faire percer les oreilles d'un petit bébé, il est bon de lui acheter des boucles d'oreilles spécialement conçues car elles se détachent moins facilement. Il est préférable aussi de choisir des boucles avec tiges plutôt que des anneaux afin de prévenir un déchirement du lobe de l'oreille. Toutefois, il vaut mieux éviter de faire percer les oreilles aux bébés et aux jeunes enfants. À cet âge, si la boucle se détache, ils peuvent la porter à leur bouche, l'avaler ou, pire encore, s'étouffer.

Reste encore une question : est-ce que percer les oreilles fait mal? La douleur causée par le poinçon n'est certes pas insupportable, mais elle causera un pincement désagréable que bébé risque fort de ne pas apprécier. Alors bonne chance pour la deuxième oreille!

LES COUCHES : EN COTON OU EN PAPIER?

Hélène n'avait pas prévu de dormir à la campagne avec sa petite famille. Elle va donc chez le dépanneur du village acheter des couches jetables qu'elle utilisera pour Antoine. Mais ce n'est pas dans ses habitudes. En général, elle préfère utiliser des couches de coton. Cela surprend beaucoup sa mère qui, pour sa part, aurait tant aimé éviter les milliers de lavage qu'elle a dû se taper quand elle était jeune maman.

Lorsque les femmes ont vu arriver sur le marché les couches jetables, elles ont crié : «Enfin!»

Mais c'était avant qu'on prenne conscience de l'extraordinaire accumulation de déchets que les pays industrialisés créent avec leurs multitudes de couches. Depuis qu'on a compris ce phénomène, on s'est aussi aperçu de deux autres choses : d'abord, les couches de coton sont beaucoup plus économiques; ensuite et surtout, les petites fesses de bébé les préfèrent. Puis il faut voir les nouvelles couches de coton : coupe ajustée, attaches velcro et motifs à la mode leur donnent un air moderne et les rendent aussi faciles à installer que les couches jetables.

Il est bon de savoir que sur une période de deux ans, bébé utilisera environ 7000 couches, ce qui représente une dépense de presque 2000 $, comparativement aux couches de coton qui coûteront moins de 1000 $, même en comptant le prix des lavages à la maison.

La couche de coton est aussi reconnue pour causer moins d'irritation aux fesses sensibles de bébé. Elle est plus perméable que la couche de papier et permet ainsi une meilleure circulation d'air. Le revêtement extérieur en plastique des couches jetables maintient la peau de bébé à une chaleur plus élevée; la combinaison chaleur, humidité et ammoniaque favorise bien sûr l'irritation. De plus, certaines couches de papier sont parfumées, ce qui ajoute à l'irritation. Les couches jetables ont une plus grande capacité d'absorption, ce qui fait que les parents ont tendance à changer leur bébé moins fréquemment. Il en résulte de l'inconfort, des pleurs et une peau plus irritée.

UNE NUIT À LA CAMPAGNE

L'utilisation de la couche de coton démontre surtout un plus grand respect de l'écologie, même en tenant compte de l'effet du savon sur l'environnement et de la quantité d'eau chaude utilisée. Chaque année au Québec, 600 millions de couches jetables se retrouvent dans des terrains d'enfouissement. Placées bout à bout, ces couches pourraient faire six fois le tour de la Terre! La couche jetable qui n'aura servi que quelques heures prendra des années à se décomposer alors qu'une couche de coton peut être utilisée de 80 à 200 fois. De plus, les couches jetables contribuent à la diminution du volume de nos ressources naturelles puisqu'elles sont confectionnées à partir de pulpe de papier.

Finalement, si l'on veut éviter la corvée du lavage, on peut recourir à des entreprises spécialisées. On dit de ces entreprises qu'elles utilisent des techniques de lavage garantissant la destruction des bactéries. Certaines n'exigent même pas que les couches soient rincées. Il suffit de les déposer dans un seau spécial qui contient des pastilles désodorisantes; chaque semaine, le service fait la cueillette des couches souillées et laisse en échange des couches propres. Le coût est bien sûr plus élevé, mais il reste encore inférieur à celui des couches jetables.

Opter pour les couches de coton, c'est faire d'une pierre deux coups. On s'assure aujourd'hui du confort de bébé et on préserve son environnement pour demain.

Voyons maintenant un peu ce qui s'offre sur le marché des couches de coton.

Carré de coton et couvre-couche à enfiler

Le carré de coton utilisé avec des épingles et des couvre-couches plastifiés est de loin le type de couches le plus économique. On le retrouve en une seule grandeur et on le plie de sorte qu'il convienne à bébé, de la naissance jusqu'à ce qu'il soit propre (autour de deux ans et demi).

* Quantité requise pour une période de deux ans et demi :

    Carrés de coton : de 4 à 6 douzaines ($\pm$ 15 \$/douz.)

    Couvre-couches : de 9 à 12 unités (de 1 \$ à 10 \$ l'unité)

Carré de coton et couvre-couche avec attaches velcro

Le carré de coton peut aussi être utilisé avec un couvre-couches à coupe ajustée et attaches velcro. La quantité et le coût des carrés de coton demeurent inchangés.

La quantité de couvre-couches est aussi la même, mais le coût varie de 10 \$ à 20 \$ chacun selon la marque de commerce, le modèle, la taille et le tissu (laine, coton, ratine, toile ou vinyle).

Le service de couches fait la location et l'entretien des carrés de coton, mais les parents doivent acheter les couvre-couches.

Couche de coton aux allures de couche de papier

C'est le concept le plus nouveau dans les couches de coton. Leur coupe est ajustée et les attaches velcro sont intégrées à la couche, ce qui la rend aussi facile à installer qu'une couche jetable. Cette

cis. «Pourquoi
t été plus pru-

cision se fai-
is plusieurs
e opération.
e l'on prati-
maintenant
, et qu'on
du gland.
st même
ette pra-
qui ont
, le pré-
s ans.
n pour-
ait des
l'âge
t des
, les
d les

ion
uti-
ut
a

e un couvre-
ntrairement à
e séparé de la
eure circulation
ation.

le carré de coton,
ndre que celui de la

période de deux ans

nes de la grandeur n° 1
aines de la grandeur n° 2
entre 70 $ et 120 $)
de 9 à 12 unités (de 7 $
à 10 $ l'unité)

, il faut ajouter le coût des lava-
aiment établir une comparaison.
equises peuvent varier selon la fré-
vages. Les chiffres cités supposent
lavages par semaine.

ir l'érythème fessier d'une part et pour
environnement d'autre part, il est
ndé de remplacer l'eau de Javel par du
blanc ou par des cristaux de lessive.

LA CIRCONCISION?
MAIS POURQUOI DONC!

*Hélène, de retour du dépanneur où elle s'est
uré des couches, s'empresse de changer son
bé qui est tout mouillé. Grand-papa s'approche et*

constate qu'Antoine n'est pas circo...
ne l'as-tu pas fait circoncire? Ç'aura...
dent, non?»

Il n'y a pas si longtemps, la circo...
sait de façon systématique, mais dep...
années le corps médical déconseille cet...
C'est en effet une véritable opération qu...
quait sur les bébés naissants. On sait...
que la petite peau qui recouvre le gland...
appelle le prépuce, se sépare toute seule...
Cela ne prend que quelques mois et il n'...
pas nécessaire de dilater manuellement. ...
tique a causé trop souvent des blessures...
ensuite laissé des cicatrices. Normalement...
puce devient rétractable entre un an et tro...

Si jamais ça ne se faisait pas tout seul, ...
rait toujours y voir plus tard. Quand l'enfant f...
infections répétées au gland, on l'opère vers...
de quatre ou cinq ans. Mais seulement 4 p. ce...
enfants ont besoin de cette intervention. De plu...
circoncisions sont souvent mieux réussies quan...
enfants sont plus vieux.

Les parents demandent parfois la circoncis...
pour des raisons d'hygiène. Il est plus simple d'...
liser du savon et de l'eau. Ce qu'il faut surto...
apprendre aux petits garçons, c'est à se laver. Ce...
est moins dangereux que de pratiquer une opéra...
tion: un garçon circoncis sur quatre souffre d'u...
ulcère au gland dû à la friction de la couche et du...
contact de l'urine. Cet ulcère guérit bien en général, mais il peut laisser des cicatrices. En outre, il
est bon de savoir qu'il n'y a pas plus de maladies
transmises sexuellement chez les adultes non

couche nécessite toutefois qu'on enfile un couvre-couche de nylon par-dessus. Mais contrairement à la couche de papier, le couvre-couche séparé de la couche de coton permet une meilleure circulation d'air et contribue à prévenir l'irritation.

Son coût est plus élevé que le carré de coton, mais il reste tout de même moindre que celui de la couche jetable.

- Quantité requise pour une période de deux ans et demi :

>   Couches : 3 douzaines de la grandeur n° 1
>   2 douzaines de la grandeur n° 2
>   (Coût : entre 70 $ et 120 $)
>   Couvre-couches : de 9 à 12 unités (de 7 $
>   à 10 $ l'unité)

Notes

- Dans les trois cas, il faut ajouter le coût des lavages si on veut vraiment établir une comparaison.
- Les quantités requises peuvent varier selon la fréquence des lavages. Les chiffres cités supposent environ trois lavages par semaine.
- Pour prévenir l'érythème fessier d'une part et pour protéger l'environnement d'autre part, il est recommandé de remplacer l'eau de Javel par du vinaigre blanc ou par des cristaux de lessive.

LA CIRCONCISION?
MAIS POURQUOI DONC!

Hélène, de retour du dépanneur où elle s'est procuré des couches, s'empresse de changer son bébé qui est tout mouillé. Grand-papa s'approche et

*constate qu'Antoine n'est pas circoncis. «Pourquoi
ne l'as-tu pas fait circoncire? Ç'aurait été plus pru-
dent, non?»*

Il n'y a pas si longtemps, la circoncision se faisait de façon systématique, mais depuis plusieurs
années le corps médical déconseille cette opération.
C'est en effet une véritable opération que l'on prati-
quait sur les bébés naissants. On sait maintenant
que la petite peau qui recouvre le gland, et qu'on
appelle le prépuce, se sépare toute seule du gland.
Cela ne prend que quelques mois et il n'est même
pas nécessaire de dilater manuellement. Cette pratique a causé trop souvent des blessures qui ont
ensuite laissé des cicatrices. Normalement, le prépuce devient rétractable entre un an et trois ans.

Si jamais ça ne se faisait pas tout seul, on pourrait toujours y voir plus tard. Quand l'enfant fait des
infections répétées au gland, on l'opère vers l'âge
de quatre ou cinq ans. Mais seulement 4 p. cent des
enfants ont besoin de cette intervention. De plus, les
circoncisions sont souvent mieux réussies quand les
enfants sont plus vieux.

Les parents demandent parfois la circoncision
pour des raisons d'hygiène. Il est plus simple d'utiliser du savon et de l'eau. Ce qu'il faut surtout
apprendre aux petits garçons, c'est à se laver. Cela
est moins dangereux que de pratiquer une opération : un garçon circoncis sur quatre souffre d'un
ulcère au gland dû à la friction de la couche et du
contact de l'urine. Cet ulcère guérit bien en général, mais il peut laisser des cicatrices. En outre, il
est bon de savoir qu'il n'y a pas plus de maladies
transmises sexuellement chez les adultes non

circoncis que chez les autres, à la condition bien sûr qu'ils aient une bonne hygiène. En fait, de nos jours, on pratique la circoncision presque uniquement quand cette opération a une signification rituelle et religieuse extrêmement importante pour les parents qui la demandent.

DE LA GYMNASTIQUE POUR LES POUPONS

Après avoir changé Antoine, Hélène s'exclame: «Bon, maintenant, c'est l'heure de la gymnastique!» Les autres enfants se demandent si tante Hélène n'est pas tombée sur la tête. «Elle ne va quand même pas faire faire de la gymnastique à un bébé de cinq mois!», pense Virginie.

Eh oui! Les exercices, ce n'est pas seulement pour les grands. On peut commencer jeune, très jeune même à éveiller son corps. Dans certains pays, on fait des massages aux bébés dès leur naissance pour qu'ils acquièrent une meilleure sensibilité. Chez nous, on a cru longtemps que les sens du bébé s'éveillaient d'eux-mêmes. On commence maintenant à comprendre que les touchers et les exercices sont stimulants pour lui et qu'ils contribuent à développer l'acuité sensorielle.

Au début, on peut faire des massages doux comme des caresses, après le bain ou quand on le change de couche. Le contact de nos mains chaudes sur son dos, son ventre, ses bras et ses jambes éveille en lui un sentiment de chaleur et de sécurité.

Après très peu de temps, le bébé sait déjà ce qu'il préfère et le montre aux adultes par des

COMMENT ÇA VA?

réactions qui en disent long. Quand il a atteint six mois, bébé est prêt à faire de vrais exercices. Parce qu'il a tendance à garder la position foetale jusqu'à cinq ou six mois, certains suggèrent de renforcer le haut et le bas du dos et d'assouplir les muscles de la poitrine et des hanches. Pour cela, on fait des exercices très simples : on fléchit les genoux, on croise les bras, on serre les poings.

Quand le bébé a entre six mois et un an, il est beaucoup plus fort. On peut alors commencer à jouer davantage. Pendant qu'il rampe, on place des obstacles sur son parcours et on le récompense au bout de la course. On se place derrière lui et on le surveille quand il grimpe un escalier. Pour bébé, cette aventure est de l'alpinisme. C'est surtout un excellent exercice.

Tout cela fait plus que développer les muscles de l'enfant. À travers ces jeux, il pourra apprendre une quantité de choses et, surtout, sentir l'amour de ses parents. Pour ces derniers, voilà une belle façon de retomber en enfance et de se détendre complètement!

LES PRÉMATURÉS NE SONT PAS INTOUCHABLES...

«L'autre jour, je suis allé dans une pouponnière et il y avait un bébé dans un incubateur, dit Arthur avec tristesse. Ce bébé-là, ne pouvait pas recevoir de caresse et faire de la gymnastique.» Hélène tente de le rassurer : «Le bébé que tu as vu était probablement un prématuré. Et ses parents pouvaient certainement y toucher. D'ailleurs, il paraît que s'ils le font, leur bébé évoluera beaucoup mieux.»

Le nouveau-né quitte un utérus confortable pour faire brusquement connaissance avec le monde extérieur. Pour le prématuré, ce contact est encore plus brutal puisqu'il n'est pas vraiment prêt à y faire face. Pour assurer la chaleur nécessaire à son état, on l'installe dans un incubateur, ce qui a pour inconvénient de modifier toutes les stimulations sensorielles qu'un nouveau-né reçoit. Il est isolé, privé de la peau, de l'odeur et de la voix de ses parents. De plus, selon son âge gestationnel et son poids, bébé peut facilement se retrouver avec des électrodes sur la peau, un tube dans le nez et un soluté sur la tempe.

Cette expérience est éprouvante pour le bébé autant que pour les parents, mais ces derniers peuvent en atténuer les effets. Le prématuré a des émotions, et ses sens ont besoin d'être stimulés. Plusieurs études ont démontré l'influence positive de la stimulation sensorielle des prématurés sur leur développement. Qui donc est mieux placé que les parents pour fournir cette stimulation et développer l'acuité de ses sens?

Le toucher

Les prématurés qui sont caressés, bercés ou encore massés régulièrement et plusieurs fois par jour ont tendance à évoluer plus rapidement. Des études nous démontrent que les prématurés que l'on stimule en les touchant prennent du poids plus rapidement que ceux qui reçoivent les soins réguliers. Ces enfants sont aussi plus éveillés, ont une meilleure tolérance au bruit et pleurent moins souvent.

Même si bébé repose dans un incubateur et qu'il semble fragile, les parents ne doivent pas hésiter à le toucher. Il reconnaîtra très rapidement cette présence amoureuse.

L'ouïe

On croit qu'à compter du sixième mois de la vie utérine, le foetus est en mesure d'entendre. Il perçoit les vibrations de la voix humaine, atténuée et déformée, mais il apprend à en reconnaître les inflexions naturelles. Des études démontrent en effet que le nouveau-né reconnaît des sons qu'il a entendu avant sa naissance. Il ne faut donc surtout pas se gêner pour parler au bébé quand il est né.

L'odorat

Une étude menée en France, chez les bébés nés à terme, est arrivée à des conclusions fort étonnantes en ce qui concerne l'odorat du nouveau-né. Des bébés de trois à dix jours étaient capables de reconnaître l'odeur du sein et du cou de leur mère. Ils réussissaient à la distinguer de celle d'autres femmes qui venaient pourtant d'accoucher. C'est dire à quel point ce sens est plus développé que ce que l'on croit souvent.

La vue

Bien que l'acuité visuelle d'un bébé soit de 20 à 30 fois plus faible que celle d'un adulte, le nouveau-né à terme voit bien les objets et les visages situés à une distance d'environ 25 à 30 cm. La nature fait bien les choses puisque, lorsqu'on tient bébé dans nos bras, notre visage est environ à cette distance. La vision du bébé va se développer graduellement et la présence régulière du visage de ses parents dans son champ de vision sera peu à peu associée aux autres stimuli agréables que ceux-ci sauront lui apporter.

DU YOGA POUR LES ENFANTS

Hélène aime faire faire de l'exercice à son petit garçon. Elle a même décidé que plus tard, quand il aurait cinq ou six ans, elle lui ferait prendre des cours de yoga. «Du yoga à six ans! Mais c'est fait pour les adultes le yoga, pas pour les enfants...» affirme Marie-Claire qui n'a pas l'air d'être emballée par l'idée de sa soeur. «Au contraire, lui répond Hélène, il est recommandé de les faire commencer tôt. Ceux qui pratiquent le yoga régulièrement deviennent meilleurs à la course, en saut, en natation et en vélo. En fait, tous les sports sont plus faciles pour eux.»

C'est vrai. Les enfants tirent un grand bénéfice de cette technique qui nous vient de l'Inde. Le yoga est apparu dans cette région du monde il y a plusieurs milliers d'années; on s'inspirait alors des mouvements et des positions des animaux pour créer des exercices. On découvrit bientôt que cette pratique amenait santé et vigueur. En effet, la pratique du yoga valorise l'équilibre et offre un meilleur contrôle des muscles. Et il n'y a aucune raison pour que les enfants ne profitent pas de tels bienfaits.

Les enfants s'ennuient quand ils doivent rester immobiles. Ils sont naturellement attirés par des exercices créatifs qui stimulent leur imagination et les conduisent au jeu. D'où l'importance d'associer les exercices à des objets ou à des animaux. De cette manière, l'enfant visualise l'exercice et exécute bien le mouvement.

Tout en s'amusant, les enfants améliorent leur capacité respiratoire, leur souplesse, leur tonus musculaire, leur sens de l'équilibre et leur concentration. Les bienfaits sont multiples : l'épanouissement corporel et psychique ainsi qu'une imagination bien développée permet une bonne communication avec l'entourage. L'enfant apprend ainsi à se découvrir, à explorer son corps et à s'exprimer dans son environnement. Un enfant bien dans sa peau assimile les choses de façon plus rapide et efficace qu'un autre.

Exercices suggérés

• **Le ballon**

Cet exercice permet de développer une bonne respiration, ce qui est essentiel pour calmer l'enfant et le préparer aux exercices de yoga. Image : L'air entre dans le ballon («je gonfle le ventre»); l'air sort du ballon : («je dégonfle le ventre»).

• **L'arbre**

Cet exercice étire la colonne vertébrale et améliore le sens de l'équilibre ainsi que la concentration. On se représente un arbre, grand et fort. La jambe gauche est le tronc et la jambe droite, une branche tordue. On plie cette jambe et on dépose le pied droit sur la cuisse gauche. Ainsi, la branche tordue est placée sur le tronc. Les bras sont la cime de l'arbre. On les lève au-dessus de la tête, les doigts se touchant.

COMMENT ÇA VA?

- **L'hirondelle**

  Ici, on cherche à étirer complètement le corps. L'idée est de s'imaginer être une hirondelle. On aime jouer et ensuite se reposer. Assis sur les talons, les bras tendus au-dessus de la tête, les mains jointes, l'enfant doit inspirer profondément en creusant le dos et en regardant vers le haut. Il doit s'étirer alors de toutes ses forces. Lorsqu'il est fatigué, il peut s'incliner vers l'avant, les bras tendus.

- **Le pont**

  Cet exercice fortifie les bras, les jambes et la colonne vertébrale. Pour aider les enfants qui ont de la difficulté à effectuer cet exercice, un adulte peut leur soulever le dos. Ils doivent s'imaginer que les voitures passent sur eux et les bateaux, dessous.

- **La montagne**
  Par cet exercice, on veut assouplir les genoux et étirer la colonne vertébrale. Les enfants moins souples devraient commencer avec une seule jambe à la fois. Image : «Je suis une montagne, mes jambes sont la base et mes mains, le sommet.»

- **Le corbeau**
  On veut fortifier l'ensemble de la musculature et développer le sens de l'équilibre. Pour contrôler les muscles, un certain entraînement est nécessaire; il est donc bon d'aider les enfants à soulever leurs jambes dans cet exercice. Image : «Mes jambes sont des ailes et mes bras sont des pattes.»

- **Le défilé d'animaux**
  Pieds nus, les enfants se déplacent à la manière d'un serpent, ou comme une grenouille, etc.

- **L'automobiliste**
  Assis au sol, les enfants tendent les bras vers un volant imaginaire, sans raideur, et ils lèvent les jambes sans les étendre, les pieds sur les pédales. On cherche un équilibre sur les fesses et on se balance.

Quelques conseils

- N'oublions pas que la capacité d'attention varie selon l'âge ainsi que d'un enfant à l'autre. En général, elle est de cinq minutes chez les trois — quatre ans, de 10 minutes chez les cinq — six ans, et de 20 à 30 minutes chez les sept — dix ans.

- Il est bon de porter des vêtements amples afin de ne pas gêner les mouvements.
- Les enfants peuvent se placer en cercle et servir tour à tour de modèle aux autres; ils sont ainsi valorisés, car ils sentent qu'ils appartiennent au groupe.
- En général, deux exercices par séance suffisent.
- Lors de chaque nouvelle séance, il est bon de répéter les exercices précédents afin d'améliorer la souplesse et le contrôle musculaire.
- Il faut toujours présenter les exercices comme un jeu.
- Demandez à un enfant de prendre une posture devant le groupe. Les autres tenteront de la reconnaître et de l'imiter.
- Placez les enfants deux par deux pour créer un tableau. Exemple : une hirondelle regarde un bourdon.
- Pour avoir d'autres idées d'exercices de yoga pour les enfants, nous vous suggérons les livres suivants : *Yoga récréatif pour les enfants*, de Rachel Carr, *Yoga et Expression corporelle pour enfants et adolescents*, de Jacques Choque et *La Douce, Gymnastique douce et Yoga pour enfants*, chez Graficor.

MMM... C'EST SI BON DES LÉGUMES!

Pour le souper, on a servi aux enfants du poulet avec des pommes de terre, des carottes et des épinards. Mais Arthur ne veut pas de ses épinards, Virginie fait la difficile devant ses carottes et Sophie met ses pommes de terre de côté pour ne pas les manger... «Ho, ho, les enfants! Vous ne vous en tirerez pas à si bon compte, s'exclame grand-maman. Les épinards, il faut que vous les mangiez pour devenir forts et en santé, les carottes pour avoir de bons yeux et les pommes de terre pour bien digérer. Alors, personne ne sort de table sans avoir fini son assiettée, d'accord?»

Est-ce que grand-maman ne fait que répéter une vieille fable en affirmant ce qu'elle-même a entendu de sa propre mère? Non. En fait, ces croyances populaires sont basées sur la vérité.

On retrouve beaucoup de bêta-carotène dans tous les fruits et les légumes orangés comme les carottes, les pêches et les patates douces ainsi que dans les légumes vert foncé comme le brocoli et les petits pois. Mais c'est la carotte qui contient le plus de cette substance que notre organisme transforme en vitamine A. Cette vitamine joue un rôle essentiel dans le mécanisme de la vision : la rétine en a besoin pour nous permettre de voir la nuit. Il faut quand même se méfier, car la vitamine A n'arrange pas tout. Si vous êtes myope ou presbyte, les carottes n'y peuvent rien changer : ce sont des lunettes qu'il vous faut.

Quant aux épinards, ils ne nous rendent pas vraiment forts, mais ils contiennent beaucoup de fer, un élément essentiel à la constitution des muscles et du sang. Si on manque de fer, on devient anémique. Les épinards peuvent donc aider à prévenir l'anémie qui, elle, nous rend faible.

Enfin, la pomme de terre a presque disparu de nos menus depuis que nous avons découvert les légumes exotiques et la cuisine minceur. Pourtant, une pomme de terre en robe des champs contient moins de calories qu'un verre de lait partiellement écrémé! De plus, la pomme de terre est un excellent aliment, riche en potassium, en vitamine C et en fibres alimentaires.

Alors Virginie, Sophie et Arthur, écoutez ce que vous dit votre grand-maman!

VOYAGER AVEC DES ENFANTS

À cause de son travail, Marie-Claire emmène souvent sa fille en voyage et ce, depuis qu'elle est toute petite. À table, on se met à parler du fameux voyage en Afrique, quand Marianne voulait absolument emporter l'énorme toutou qu'elle venait de recevoir pour son sixième anniversaire. «Tu en as du courage d'emmener une enfant en voyage, dit Denis à sa soeur.» «Oh! Il suffit de s'organiser, répond Marie-Claire, et de les contrôler... Ils veulent tout mettre dans les valises : l'utile, l'agréable et l'impossible!»

C'est un fait que de partir en voyage avec un enfant complique les préparatifs, mais les ennuis finissent habituellement par se régler. Que l'on reste au pays ou qu'on aille à l'étranger, il ne faut surtout pas s'empêcher de partir.

Avec les bébés, on fait des provisions de couches, d'eau embouteillée et de lait en poudre. C'est plus facile à conserver. Pour les plus vieux, on pense aux crayons et aux livres d'images. Le regard des enfants ne porte pas loin; leur centre d'intérêt est donc tout proche. Ils préfèrent les dessins, le gazon et les papillons aux grands et beaux paysages.

Quant aux couches, elles peuvent également servir de pharmacie de vacances dans laquelle on retrouve un thermomètre, de l'acétaminophène en cas de fièvres élevées, un onguent antibiotique pour les blessures et, bien sûr, au moins deux diachylons : un pour les bobos, l'autre pour le moral.

En auto, on installe les enfants de moins de 9 kg (20 lb) dans un siège d'auto orienté vers l'arrière et les plus grands, dans des sièges d'auto adaptés à leur âge. Non seulement ces sièges sont-ils plus sûrs, mais ils permettent en plus à l'enfant de fixer une ligne d'horizon. Cela diminue le mal des transports ou «mal de coeur des enfants» en auto.

Il faut aussi prévoir des arrêts fréquents, à peu près toutes les deux heures et, surtout, ne pas oublier les jus, les jeux et, bien sûr, le toutou qui profite lui aussi des vacances...

Quand on voyage à l'étranger, on a intérêt à souscrire à un plan d'assistance-voyage plutôt qu'une simple assurance-voyage. En plus de rembourser des frais médicaux, l'assistance-voyage permet à une famille d'être dépannée, soignée et même rapatriée en cas de besoin, peu importe où elle se trouve dans le monde.

Environ deux mois avant un départ pour le Sud, il est important de consulter la clinique santé voyage pour mettre à jour l'immunisation courante de chacun, et ajouter le cas échéant des vaccins contre des maladies tropicales.

En avion, il faut faire boire de l'eau aux enfants au décollage et surtout à l'atterrissage. Cela permet de mieux équilibrer la pression à l'intérieur des oreilles. On évite ainsi bien des pleurs.

Et puis... les voyages ne forment pas que la jeunesse : ils forment aussi la famille, semble-t-il!

DES CADEAUX UTILES ET PEU COÛTEUX

Pendant qu'on cause autour de la table, Martin est assis seul dans le salon. Il joue avec un ensemble de vieille vaisselle qu'il a reçu en cadeau à Noël dernier. Hélène n'en revient pas : «Quand je pense que c'est un cadeau pour lequel je n'ai pas dépensé un sou. Et parmi les dizaines et les dizaines de choses qu'il a reçues, c'est ce cadeau-là qu'il a préféré. Il ne s'en est jamais fatigué.»

Pour les enfants, les jouets ne servent pas uniquement à passer le temps. Ils contribuent aussi de façon extrêmement active à leur apprentissage. Avec les jouets, l'enfant découvre les notions de grandeur, de texture, de forme et de fonctionnement sur le plan de la motricité. Ils contribuent au développement du toucher et de la préhension, ainsi que de la vision, de l'audition et de l'activité phonique. Les jouets les plus intéressants pour le bébé sont ceux qui, à ses yeux, signifient «prends-moi et manipule-moi» plutôt que ceux qui se contentent de dire «admire-moi.»

Les jouets sont souvent de beaux objets et ils nous attirent lorsqu'on les voit joliment emballés et alignés sur les tablettes des magasins. Mais en réalité, tout ce qui amuse le bébé devient pour lui un jouet. C'est pourquoi la cuisine constitue une merveilleuse salle de jeu. Pensons à tous ces tiroirs et ces armoires qui regorgent de trésors et ne demandent qu'à être ouverts! Les bébés sont toujours attirés par ces boîtes à surprises que l'on retrouve invariablement dans une cuisine. Votre enfant sera ravi si vous lui réservez une de vos armoires. Vous pourrez y laisser des articles inoffensifs comme des tasses, des bols et autres récipients en plastique, des moules à pain et à biscuits, ou des moules à tarte en aluminium.

Durant sa première année, le bébé attrape, tient, examine et manipule ses jouets de toutes les façons possibles. En outre, il les porte à sa bouche et les cogne contre d'autres surfaces. L'enfant utilise largement son regard; il est donc recommandé d'avoir des objets de couleurs vives comme le rouge, le bleu, le vert et le jaune. Son ouïe aussi est sollicitée car il écoute le bruit que les jouets font quand il les frappe les uns contre les autres, contre un mur ou tout autre objet; ils doivent par conséquent être robustes. Enfin, le sens du toucher se développe par la manipulation des jouets; il est donc souhaitable qu'ils soient faciles à prendre.

Quand il a entre cinq et six mois, le bébé n'est cependant pas encore assez solide pour se tenir assis devant l'armoire à jouets; il faut donc l'installer dans sa chaise haute qui devient une salle de jeux miniature. Il peut alors cogner avec un jouet (ustensile de cuisine en plastique) tout en chantonnant. La manipulation d'objets améliore la dextérité manuelle, et le fait de cogner augmente la force musculaire.

Entre huit et douze mois, il commence à lancer des objets. On conseille alors d'attacher les projectiles au bout d'une ficelle et de lui montrer comment les récupérer (cette action développe différentes habiletés motrices). Une cuillère en bois ou en plastique fera office de baguette de tambour.

COMMENT ÇA VA?

Avec un bol de plastique, bébé peut s'exercer à s'alimenter avec du vent (il développe ainsi la coordination car il n'aime pas se frapper). Ces divers
exercices semblent banals, mais ils développent la
motricité et stimulent la vision. Le jeu permet
l'apprentissage de nouvelles habiletés motrices.

De douze mois à deux ans, l'enfant se déplace
plus aisément. C'est alors qu'il profite le mieux de
son armoire merveilleuse, remplie de trésors. Vers
cet âge, les enfants aiment surtout les jouets qui
s'empilent, s'emboîtent et bougent de façon intéressante lorsqu'ils les manipulent. À cet effet, les boîtes de conserve dont on aura enlevé les étiquettes
feront leur bonheur. L'enfant développe sa notion
d'objets complémentaires. Il découvre différentes
façons de placer les choses. Il devient plus habile
et minutieux dans ses actions, ce qui le stimule énormément. Apprenez-lui à placer des objets à l'intérieur les uns des autres (par exemple des bols de
diverses grosseurs).

Au fil des jours, vous observerez les efforts de
votre enfant pour inciter son corps à lui obéir et vous
apprendrez en même temps comment l'aider. Certains parents s'efforcent d'accélérer le développement de leur bébé. Mais les bébés poussés par leurs
parents risquent, en grandissant, de ne pas être
satisfaits d'eux-mêmes. Il vaut mieux laisser l'enfant
se développer à son propre rythme et à sa façon.
Avec le temps, il devient plus facile de comprendre
ses signaux lorsqu'il réclame de l'aide.

Plus vous lui offrirez d'objets avec lesquels il
pourra jouer, plus il sera stimulé tant physiquement
que mentalement. Plus vous multiplierez les postu-

res susceptibles de stimuler une habileté motrice, plus votre bébé aura confiance en vous et en ses propres capacités. Laissez-le donc ramper, observer, découvrir et fouiner. Il ne s'en portera que mieux.

UN BALADEUR, ÇA REND SOURD?

Depuis un moment, Marianne a quitté la table et s'est installée dans le salon, tout près d'un Martin concentré sur son jeu. Mais Marianne n'est là que de corps car son esprit est ailleurs : elle écoute de la musique avec son baladeur. C'est son nouveau dada et elle peut faire rejouer quinze fois la même cassette, ce qui a le don d'impatienter sa maman qui craint de la voir s'abrutir totalement. Et puis, comme bien d'autres adolescents, Marianne écoute sa musique très fort. Deviendra-t-elle sourde si elle continue?

Elle ne deviendra pas sourde, mais si elle ne fait pas attention, ses capacités d'audition risquent de subir une baisse sensible. Une étude exploratoire menée à l'Université de Montréal auprès de 50 usagers âgés de moins de 25 ans révèle que 46 p. cent d'entre eux utilisent le baladeur au-delà du volume moyen et certains l'écoutent même au volume maximum, ce qui peut représenter plus de 100 décibels. Or il est reconnu que ces niveaux sonores provoquent une fatigue auditive dangereuse.

La baladeur est un appareil bien apprécié des mélomanes à cause de sa qualité d'écoute et certains usagers le qualifient même de «drogue acoustique». Ce n'est pas une mauvaise invention en soi, mais on doit savoir l'utiliser puisqu'un risque de perte auditive y est associé.

COMMENT ÇA VA?

Les adeptes de la stéréophonie portative utilisent souvent leur baladeur dans des endroits bruyants : la rue, le métro, l'autobus, la cafétéria. Dans ces endroits, le niveau sonore peut facilement atteindre 75, 80 ou 85 décibels. Dans ce contexte, et compte tenu du fait que le casque d'écoute d'un baladeur n'isole pas la personne des bruits ambiants, on hausse souvent le volume de sorte qu'on atteint un niveau sonore de 80, 85 ou 90 décibels.

C'est la vibration de milliers de petits cils vibratiles situés dans l'oreille interne qui permet la transmission du son jusqu'au cerveau. Le bruit excessif peut détruire ces petits cils.

Les premières manifestations se limiteront d'abord à une perte temporaire de l'audition. Par exemple, deux heures d'écoute au volume maximal peuvent engendrer une perte temporaire de sensibilité auditive des sons aigus. Il faudra ensuite quatre heures à l'oreille pour se remettre complètement de ce traumatisme.

La fatigue auditive peut aussi se traduire par d'autres symptômes : des sifflements, des bourdonnements, la sensation d'avoir une oreille bouchée ou encore une perception feutrée des sons. Si l'un de ces signes se manifeste après une séance d'écoute, c'est qu'il y a eu surexposition.

Écouter de la musique avec un baladeur dont le volume est à plus de la moitié, équivaut à exposer ses oreilles à un bruit d'environ 85 à 100 décibels, parfois plus. Cette intensité sonore équivaut ou dépasse parfois le bruit du métro, d'une moto ou encore d'une tondeuse à gazon! Il n'est donc pas étonnant que les oreilles réagissent. Les dommages sont directement proportionnels au fait que l'on écoute la musique fort, longtemps et souvent.

La perte d'audition se fait graduellement. Tout d'abord, on entend moins bien les hautes fréquences (le sifflement d'une bouilloire ou certaines consonnes comme le «s», le «ch» et le «f»). Dans un deuxième temps, les basses fréquences deviennent plus difficiles à percevoir. À ce moment-là, on commence à avoir de la difficulté à comprendre les paroles quand il y a un bruit de fond. On se met bientôt à hausser le volume du téléviseur ou de l'appareil radio.

En plus des dangers pour l'audition, le port du baladeur augmente les risques d'accidents. Porter un baladeur en se déplaçant, c'est se priver de son radar personnel : les oreilles. Même si le baladeur ne crée pas toujours une barrière acoustique, il réduit la capacité de discerner l'endroit d'où vient un avertissement sonore.

Ainsi, un niveau d'écoute de 75 décibels permet de reconnaître le klaxon d'une voiture à environ 15 mètres. Mais l'illusion auditive que crée le baladeur handicape la précision et l'acuité de l'ouïe. Le délai de réaction s'en trouve automatiquement augmenté ainsi que les dangers d'accidents.

En outre, l'attention portée à la musique détache l'auditeur de son environnement. Il est donc moins alerte et risque encore une fois de prendre trop de temps pour réagir.

Voici quelques mesures préventives qui permettront d'éviter de nombreux accidents :

- Le volume ne devrait jamais dépasser la moitié. En tout temps, il faut être capable de comprendre une personne placée près de soi et qui parle à voix normale. Si l'on doit hausser la voix pour dominer le son de la musique, c'est que le volume est trop élevé.
- Si des manifestations de fatigue auditive apparaissent, il faut diminuer le niveau et la durée d'écoute pendant les séances subséquentes.
- Les séances d'écoute ne devraient pas durer plus de 90 minutes. L'oreille peut ainsi récupérer plus rapidement.
- L'utilisation d'un baladeur pendant des journées entières ou sur une base quotidienne est à proscrire. De plus, il vaut mieux éviter de l'associer systématiquement à d'autres activités.
- Les appareils de bonne qualité sont moins dommageables que les autres. Ils offrent la possibilité d'avoir une meilleure qualité d'écoute à des niveaux plus faibles.
- Le piéton doit éteindre son baladeur lorsqu'il se trouve dans la circulation. Il va sans dire qu'il est tout à fait imprudent, voire même interdit d'utiliser ce genre d'appareil à vélo ou en auto.

L'AUTOMOBILE ET LES ADOLESCENTS

Pendant que Marianne est au salon en train d'écouter sa musique, la conversation va bon train autour de la table. Marie-Claire, la maman de Marianne, aborde soudain un sujet qui semble lui tenir à cœur. «Marianne s'est fait un ami qui a seize

*ans, dit-elle. Et il conduit l'automobile de sa mère.
Il me semble que c'est un peu jeune pour conduire.»*

Marie-Claire a-t-elle raison de s'inquiéter?

En réalité, elle n'a pas tort. Les accidents de
la route constituent, au Québec, un grave problème
dont les conséquences économiques et sociales
sont très lourdes. Les chiffres font peur. Au cours
de ce siècle, la route aura tué quelque 100 000 Québécois et Québécoises. En 1987 seulement, la route
a fait plus de 61 000 victimes.

Le plus grave, c'est que ces victimes sont jeunes. En 1987, 45 p. cent de toutes les victimes de
la route et 30 p. cent des victimes décédées avaient
entre 16 et 24 ans. Les accidents sont la plus importante cause de décès pour ce groupe d'âge.

Les statistiques démontrent que le risque d'accident diminue à mesure que l'âge avance; les jeunes de 16 à 20 ans sont impliqués presque deux fois plus souvent dans un accident que ceux qui ont 25 à 34 ans, et trois fois plus souvent que les 65 ans et plus. Pourtant, seulement le quart des jeunes de 16 à 20 ans possèdent leur propre véhicule, alors que cette proportion atteint plus de la moitié chez les 21 à 24 ans et dépasse les trois quarts chez les personnes de 45 à 54 ans.

La situation est d'autant plus inquiétante que de plus en plus de jeunes obtiennent leur permis de conduire.

Qu'est-ce qui favorise les accidents?

• **L'exposition au risque**
Certaines situations entraînent, plus que d'autres, un risque d'accident. Ces situations sont déterminées par quatre facteurs : le temps passé au volant, le kilométrage parcouru, le moment où l'on conduit (la saison, l'heure, le jour) et le comportement des autres conducteurs.

Contrairement à ce que certains croient, les jeunes passent moins de temps au volant que leurs aînés; ils parcourent donc moins de kilomètres dans une année. Théoriquement, on pourrait donc croire qu'ils courent moins de risques d'accidents. Mais les deux autres facteurs expliquent pourquoi les jeunes sont davantage victimes d'accidents. C'est en effet surtout le vendredi et le samedi soir que les jeunes se retrouvent sur les routes, entre 19 heures et 3 heures du matin. Ces moments sont critiques; ils exposent les conducteurs aux comportements les plus risqués des autres jeunes qui conduisent à ce moment-là, ainsi qu'aux comportements de tous ceux qui sont en état d'ébriété.

• **L'expérience**

L'expérience est la période écoulée depuis l'obtention d'un permis de conduire permanent. Les statistiques nous disent qu'au fur et à mesure que l'expérience des conducteurs augmente, ils se retrouvent de moins en moins souvent dans les accidents. En effet, les accidents de la route se produisent généralement dans la première année de l'obtention du permis. Un jeune détenteur de permis sur trois aura un accident avec blessures corporelles. Mais qu'on ait 16 ou 19 ans, il semble que le risque tienne plus à l'inexpérience qu'à l'âge. La majorité des nouveaux conducteurs ont entre 16 et 24 ans. C'est là un autre facteur qui explique leur grand nombre dans les statistiques sur les accidents de la route.

• **L'alcool au volant**

Même si l'on dénonce désormais de toutes parts l'alcool au volant, de nombreux Québécois et Québécoises continuent de conduire en état d'ébriété. Malgré les campagnes contre la conduite avec facultés affaiblies, les progrès sont plutôt lents.

On estime aujourd'hui que dans la moitié des accidents mortels, la personne au volant avait consommé de l'alcool. Selon la Société d'assurance automobile du Québec, dès que le taux d'alcoolémie atteint 0,05 p. cent, l'estimation des distances et la vision panoramique diminuent de moitié, les réactions auditives s'émoussent et les mouvements sont exécutés avec une attention et une rapidité moindres.

Entre 21 h et 3 h du matin, presque 6 p. cent des conducteurs auraient leurs facultés affaiblies par l'alcool. Cette proportion atteindrait même les 10 p. cent après minuit. Ce sont les conducteurs dont l'âge se situe entre 25 et 39 ans que l'on retrouve le plus souvent au volant en état d'ébriété (7,4 p. cent); quant aux jeunes de 16 à 24 ans, ce sont eux qui boivent le moins avant de conduire (4,4 p. cent)! Pourtant ce sont eux qui meurent le plus au volant. À titre d'exemple, voyons trois situations différentes : une personne de 34 ans qui conduit avec un taux d'alcool approchant le 1 p. cent court cinq fois plus de risques de mourir dans un accident que si elle était sobre. Un conducteur de 22 ans, s'il boit la même quantité d'alcool, court 20 fois plus de risques! Mais pour les jeunes de 16 et de 17 ans, ce risque augmente jusqu'à 165 fois...

Ce sont les plus jeunes et les plus vieux qui courent le plus de danger quand ils sont éméchés. En ce qui concerne les jeunes, c'est parce qu'ils ont moins d'expérience (autant de l'alcool que de la conduite), sont plus émotifs et ont tendance à prendre plus de risques (autant à jeun qu'en état d'ébriété).

• **La personnalité**

Le jeune conducteur est à l'âge où il n'a plus de comptes à rendre à personne. Il apprend à se connaître à travers différents apprentissages, dont l'alcool et la conduite automobile. Il est à l'apogée de ses capacités mentales et physiques, et cela le porte à brûler la chandelle par les deux bouts.

Y a-t-il des solutions à ce problème grave?

On a proposé différentes solutions pour enrayer ce phénomène et faire baisser les chiffres catastrophiques qui garnissent les livres de statistiques.

- **N'émettre aucun permis de conduire avant l'âge de 18 ans.**

Cette mesure diminuerait le nombre des victimes et des accidents de la route puisque le nombre de conducteurs serait réduit. Cependant, elle remet en question le rôle des parents qui doivent décider si un jeune de moins de 18 ans peut conduire ou non. Cette idée rend d'ailleurs furieux bien des parents qui résident dans des zones peu ou pas desservies par les transports en commun. Il existe en effet un certain nombre de situations où les jeunes se voient dans l'obligation de conduire.

- **Créer un permis graduel**

On envisage la possibilité d'implanter un permis de conduire graduel pour les jeunes de moins de 18 ans. Les jeunes pourraient ainsi acquérir une expérience de conduite dans de bonnes conditions, tout en minimisant les risques d'accidents. Parmi les restrictions proposées, on trouve l'obligation d'avoir un adulte présent dans l'auto lorsque le jeune conduit, du moins dans certaines circonstances; on propose aussi de limiter le nombre de passagers, d'interdire certaines routes, de réduire la vitesse maximale autorisée.

Les mesures posent d'énormes problèmes d'application. Toutefois, elles ont l'avantage d'obliger les parents à s'engager dans l'apprentissage de la conduite de leurs jeunes.

- **Interdire l'alcool avant l'âge de 21 ans**

  On se propose de faire passer de 18 à 21 ans l'âge minimal pour consommer et acheter de l'alcool dans les lieux publics afin qu'il se passe entre quatre et cinq ans entre l'apprentissage de la conduite et celui de l'alcool.

  Cependant, la moitié des jeunes de 18 à 21 ans ne possèdent pas de permis de conduire et ils se trouveraient pénalisés par cette mesure. En outre, il ne faut pas oublier que les jeunes de 16 et 17 ans n'ont présentement pas le droit de consommer de l'alcool dans les endroits publics, ce qui ne les empêche pas d'avoir des accidents.

- **Imposer un couvre-feu**

  Cette mesure vise à interdire aux jeunes de conduire la nuit. La moitié des accidents mortels mettant en cause des conducteurs de moins de 18 ans se produit en effet dans les quatre heures qui précèdent ou qui suivent minuit; le couvre-feu réduirait donc le nombre d'accidents et de victimes chez les jeunes.

  Une telle loi serait évidemment difficile à appliquer, mais certains prévoient la possibilité d'identifier la plaque d'immatriculation du véhicule dans lequel circule un jeune conducteur.

- **Réduire à zéro le taux d'alcool permis**
  Ici, on suggère qu'aucune consommation d'alcool ne soit tolérée lorsque quelqu'un conduit un véhicule.
- **Créer un renforcement positif**
  On suggère de mettre à contribution les compagnies d'assurances. Ces dernières abaisseraient les primes de ceux et celles qui n'ont pas d'accidents.

Notre société est loin d'avoir épuisé l'éventail des mesures à prendre pour réduire le fléau des routes qui tuent. Il semble important de faire appel au sens des responsabilités des individus et des gouvernements. Toutefois, toutes les mesures révèlent leurs limites face aux récidivistes, aux contrevenants entêtés qui font comme si la route leur appartenait et que la loi était faite pour les autres. C'est pourquoi le plus gros travail doit consister à changer l'attitude des gens face à la conduite automobile. Il faut être conscient que la conduite, c'est surtout dans la tête que cela s'apprend.

LE SUICIDE CHEZ LES JEUNES

Depuis quelques semaines, il arrive souvent à Marianne de rester seule dans son coin, l'air songeur. Pourtant, elle a toujours été d'un naturel communicatif. En fait, Marianne est comme ça depuis la fin de l'année scolaire, quand une de ses compagnes de classe s'est suicidée. Sa mère se rend bien compte que Marianne est troublée. L'adolescente lui a confié qu'elle s'en voulait de n'avoir pas deviné ce qui s'en venait. «Elle m'avait dit la veille qu'elle ferait un long voyage et qu'enfin elle serait heureuse. Si j'avais compris ce que ça voulait dire, j'aurais peut-être pu l'empêcher.»

Le suicide dérange. Il dérange les proches de la personne qui s'est suicidée ou a tenté de le faire; il dérange aussi l'ensemble de la société qui se demande pourquoi l'un des siens en vient à considérer la mort comme la seule issue à ses problèmes. Et il dérange encore plus quand il touche les jeunes.

Au Québec, le suicide des jeunes a pris des proportions alarmantes. Chez ceux qui ont entre 15 et 24 ans, il constitue la cause principale de décès après les accidents de la route. On dit que pour chaque suicide réussi, il y aurait entre 50 et 200 tentatives. Depuis 1950, le suicide a augmenté de 500 p. cent dans ce groupe d'âge. Dans un sondage, 12 p. cent des jeunes du secondaire déclarent avoir fait une tentative de suicide et 31 p. cent disent y avoir pensé. Trente pour cent de ces jeunes ne sont pas connus des intervenants de leur milieu (professeurs, psychologues, infirmières scolaires). Ils refusent de faire confiance aux adultes, ils croient que rien ne peut changer quoi que ce soit à leur souffrance ou encore ils se disent qu'ils peuvent s'en sortir tout seuls. On sait maintenant qu'environ 30 p. cent des jeunes qui ont déjà pensé à se suicider passent à l'acte dans les mois ou les années qui suivent.

Bref, les données sur les comportements suicidaires tracent le portrait d'une jeunesse qui souffre. La plupart du temps, avant de passer à l'acte le jeune envoie des messages plus ou moins subtils à ses amis, à des membres de sa famille ou à des professeurs de son école. Alors comment faire pour reconnaître ces messages pour ce qu'ils sont, c'est-à-dire des appels à l'aide? Comment faire pour aider ces jeunes à traverser la crise et soulager leur souffrance? Pourquoi donc les jeunes Québécois et Québécoises sont-ils parmi les jeunes les plus touchés du monde par ce phénomène?

Il y a d'abord les *facteurs de vulnérabilité* qui prédisposent une personne au comportement suicidaire. Ces facteurs se retrouvent dans le milieu qui entoure le jeune, dans sa famille et en lui-même.

En ce qui concerne le milieu, certains éléments peuvent jouer un rôle déterminant : la grandeur des polyvalentes et des cégeps, l'isolement, l'anonymat, l'éclatement des valeurs familiales et religieuses, le chômage, la guerre, l'incertitude face à l'avenir, la compétition, l'individualisme.

En ce qui concerne la famille, les facteurs de vulnérabilité potentiels sont encore plus nombreux : une histoire familiale contenant des suicides, de l'alcoolisme et de la toxicomanie, de la négligence de la part des parents, des abus, de l'agressivité, de la violence physique, un viol, de l'inceste, des agressions sexuelles, des placements répétés en foyer nourricier, le décès d'un parent, la séparation, le divorce, les conflits familiaux, des querelles incessantes entre les parents.

Enfin, en ce qui concerne le jeune lui-même, les problèmes de santé, les handicaps physiques, l'obésité, une faible estime de soi, le désespoir, un état dépressif, la difficulté à socialiser, les troubles d'apprentissage, l'alcoolisme et la toxicomanie, les difficultés à résoudre les problèmes sont parmi les facteurs les plus fréquents. Plus on retrouve de

facteurs chez un même individu, plus on peut soup-
çonner une tendance au comportement suicidaire.
Une combinaison importante de ces facteurs chez
un suicidaire reconnu peut être un indicateur fiable
du degré de souffrance de cette personne.

Les facteurs de vulnérabilité prédisposent au
comportement suicidaire, mais ils ne conduisent pas
nécessairement au suicide. Pour cela, il faut
qu'intervienne ce qu'on appelle un *facteur précipi-
tant*. Il s'agit d'un événement récent qui ajoute à la
souffrance déjà présente, la rend intolérable et
pousse la personne dans un état de crise où l'imminence d'un passage à l'acte devient d'une très
grande probabilité.

Voici quelques-uns de ces facteurs précipi-
tants : une rupture amoureuse, le rejet d'un groupe
d'amis, une crise disciplinaire, un échec scolaire,
une querelle familiale, des problèmes avec la jus-
tice, la perte d'un emploi et le chômage, une agression sexuelle, un viol, un avortement, la perte
soudaine d'une personne significative et tout autre
deuil.

Lorsqu'en plus d'une combinaison des facteurs de vulnérabilité on retrouve dans la vie récente
d'un jeune un ou plusieurs de ces événements, on
est en droit de penser que l'adolescent ou le jeune
adulte est en proie à une crise suicidaire. Pour le
savoir, il existe des signes extérieurs, mais c'est
quand on connaît bien la personne qu'on peut vraiment avoir les meilleurs indices.

La plupart des personnes qui pensent au suicide en parlent d'une façon ou d'une autre par le
biais de messages directs ou indirects et présentent

souvent des comportements singuliers, inhabituels ou carrément bizarres.

Marianne n'a pas tort de croire que son amie lui envoyait un message avant de passer à l'acte.

Voici quelques exemples de messages verbaux directs : «Je veux en finir»; «La vie n'en vaut pas la peine»; «Je n'en sortirai jamais»; «Je vais aller m'accrocher»; «Je vais me "blaster"»; «Je vais me tirer»; «Je vais me tuer; oh! non, c'est une "joke"»; «J'ai peur d'en arriver là, j'ai peur de le faire»; «Est-ce que ça t'est déjà arrivé... de penser au suicide?»; «Je vais m'acheter un "gun", un morceau... on verra ce que je ferai avec»; «Si c'était pas de mes parents, ça ferait longtemps que je l'aurais fait.»

Quelques messages verbaux indirects : «Des fois je me dis que je serais mieux morte»; «Ça prend du courage pour se suicider»; «Vous serez bien mieux sans moi»; «Je vais partir pour un long voyage»; «Dans quelques jours, je vais enfin être tranquille»; «Vous aurez plus besoin de vous inquiéter pour moi»; «Y'a pas d'avenir; d'une façon ou d'une autre on va tous sauter, alors maintenant ou plus tard...»; «Tiens je te donne ça, je n'en aurai plus besoin.»

Quelques comportements symptomatiques : isolement, retrait, délaissement des amis; intérêt pour les armes à feu ou les médicaments; don d'objets significatifs pour la personne (plus fréquent chez les moins de 20 ans); écrits scolaires et dessins morbides, du genre pendus, têtes de mort, armes à feu, poèmes morbides (surtout chez les moins de 20 ans); hygiène personnelle négligée, tenue vestimentaire relâchée; diminution du rendement scolaire; consommation abusive ou inhabituelle d'alcool, de drogues, de médicaments; ennui, tristesse, apathie, lenteur extrême, manque d'énergie; irritabilité, changement brusque d'humeur de façon inexplicable; incohérence du langage; perte du désir sexuel (surtout chez les plus de 20 ans); insomnie matinale, périodes anormalement élevées de sommeil (de 9 à 12 heures par nuit); désordre de l'appétit (on mange trop ou trop peu).

ATTENTION! une bonne humeur soudaine, inexpliquée, peut vouloir dire que la décision de se tuer a été prise, ce qui soulage la personne et contribue à son mieux-être temporaire. Dans ce cas, il vaut mieux en parler directement et immédiatement à la personne et observer ses réactions. Si vous remarquez plusieurs de ces signes chez une de vos connaissances ou l'un de vos proches, il serait bon de vérifier auprès de cette personne si elle a l'intention de se suicider.

Mais une fois qu'on a mis le doigt sur les causes (du moins en partie) que peut-on faire?

D'abord, faire confiance à son jugement. Que l'on ait 17, 19 ou 21 ans, quand on a depuis un petit bout de temps l'impression qu'un ami ne va pas bien, qu'il a changé, qu'il n'est pas comme d'habitude, bref qu'il n'est vraiment pas dans son assiette, il est bon d'écouter son intuition. Il y a souvent de bonnes raisons de s'inquiéter, mais la première chose à faire est d'établir un climat de confiance.

Il existe des principes à suivre

- Il faut parler ouvertement du suicide et s'exprimer avec calme. Il ne faut pas avoir peur de poser clairement la question.
- On doit essayer de comprendre ce que la personne vit. Le plus simple est de le lui demander directement.
- Il est bon d'essayer de voir avec la personne comment elle considère pouvoir être plus heureuse et de tenter de trouver des solutions qui pourraient l'aider à traverser cette crise.
- On doit trouver pourquoi toutes les solutions qu'elle a essayées n'ont pas marché à ce jour.
- On peut faire savoir à la personne qu'elle n'a pas besoin de faire des menaces ou des tentatives de suicide pour arriver à être comprise ou aidée.
- L'intervenant doit évaluer les risques que la personne se suicide prochainement; il doit parler avec elle de son envie de mourir, lui demander quand et comment elle pense se tuer. Ainsi on peut savoir si l'urgence d'intervenir est faible, moyenne ou élevée.

Urgence faible

- La personne ne fait pas de menaces;
- Elle désire en parler et recherche la communication;
- Elle est calme et semble accepter l'aide qui lui est offerte;
- Elle n'est pas anormalement troublée;
- Elle possède encore des moyens pour faire face à la crise, mais elle a besoin de soutien.

Urgence moyenne
- La personne envisage le suicide et son intention est claire;
- Elle a un plan mais son exécution est reportée;
- Elle voit peu de solutions à part le suicide pour arrêter de souffrir;
- Elle a besoin d'aide et exprime directement ou indirectement son désarroi.

Urgence élevée
- La personne est décidée et a prévu comment, où et quand cela se passerait;
- Elle a un accès direct et immédiat à un moyen de se suicider : médicaments, armes à feu, lames de rasoir, gaz carbonique (voiture dans le garage), métro, etc.;
- La douleur et l'expression de la souffrance sont omniprésentes ou complètement tues chez elle;
- Elle a réellement l'impression d'avoir tout essayé pour s'en sortir.

Enfin, il est très important de ne pas intervenir seul auprès de la personne suicidaire. Il faut mobiliser son réseau d'amis et maintenir la solidarité après la crise afin que chaque personne puisse se reposer et que les gens se soutiennent mutuellement. La personne en étroite relation avec un suicidaire doit aussi pouvoir aller chercher de l'aide pour elle-même. Une fois la famille et les amis mobilisés, il est bon d'aller chercher de l'aide professionnelle par le biais de différentes ressources : les centres de prévention du suicide (il y en a à peu près partout au Québec); le CLSC du quartier; les services d'aide aux étudiants dans les cégeps (psychologues); le service d'urgences d'un hôpital; les infirmières et psychologues scolaires, travailleurs sociaux et directeur adjoint de l'école; un professeur significatif avec qui une relation de confiance existe déjà.

Ce qu'il ne faut pas faire

On doit éviter de juger la personne suicidaire. Il ne faut jamais se moquer d'elle ni l'humilier. On doit éviter de moraliser ou de nier ses émotions et son état. Il ne faut pas non plus lui dire de ne plus penser à la mort mais au contraire en parler avec elle. Il ne faut pas lui dire qu'il serait mal qu'elle se tue ou qu'elle est folle : ça ne donnerait rien et ça ne l'aiderait pas du tout. Il ne faut pas prétendre avoir réponse à tout. Il ne faut pas tout faire à sa place; cela ne viendrait qu'ajouter à ce qu'elle imagine : elle n'est plus capable d'agir et on ne lui fait pas confiance. Ne faites pas de promesses que vous ne pouvez tenir : la personne se sentirait trahie et perdrait confiance. N'abandonnez pas la partie : il faut être patient, ça peut être long (c'est pourquoi il faut s'y mettre à plusieurs). Il ne faut jamais défier une personne suicidaire de passer à l'acte.

Vrai ou faux?

«En parler, c'est inciter à le faire.» **FAUX.** Parler du suicide, c'est avant tout ouvrir la porte à un dialogue, écouter la souffrance et en accepter l'existence. C'est dire à l'autre : «Je sais que tu souffres, que ça fait mal, viens on va en parler.» C'est permettre à la personne suicidaire de se libérer de sa souffrance en parlant et en la partageant avec quelqu'un qui écoute et qui respecte son mal de vivre.

«Ce n'est que de la manipulation.» **FAUX.**
Croire que les suicidaires ne sont que des manipulateurs est une sursimplification de ce qu'ils vivent.
Par contre, il arrive que les suicidaires aient tendance à la manipulation. À ce moment, une aide professionnelle est plus indiquée. Il ne faut pas prendre le comportement suicidaire à la légère, surtout chez les jeunes. L'enjeu est trop important.

«C'est de la folie.» **FAUX.** Une personne en crise suicidaire n'est pas folle ni en train de le devenir. C'est une personne qui vit une souffrance psychologique intense. La majorité des jeunes suicidaires ne démontrent aucun indice de problèmes psychologiques ou psychiatriques.

Est-il important d'agir rapidement?

Avec un adolescent il *faut* agir rapidement.
L'adolescence est une période de la vie où les émotions sont intenses; les remises en question, profondes, incessantes; et la quête d'identité, pressante et angoissante. C'est pourquoi les adolescents agissent souvent de façon impulsive, en un court laps de temps (24 ou 48 heures), quelquefois après une ou deux années d'une douleur intense non partagée et à la suite d'un événement récent très éprouvant. Les adultes, eux, planifient leur suicide généralement plusieurs semaines voire plusieurs mois à l'avance (de 8 à 12 semaines en moyenne). Ainsi, lorsqu'un jeune dit directement ou indirectement qu'il veut en finir, il vaut mieux ne pas prendre cela trop à la légère et chercher à lui venir en aide le plus rapidement possible en lui posant tout

de suite la bonne question : «Penses-tu à te suicider?»

Une dernière mise en garde

Il faut se méfier des pactes d'alliance et des serments secrets. À l'adolescence, l'amitié et les liens affectifs entre amis sont puissants. Mais garder un secret, ça peut vouloir dire perdre un ami. Il y a d'autres façons de dire à des amis qu'on les aime et qu'on leur est fidèle : entre autres en allant chercher de l'aide à l'extérieur.

LA DROGUE ET LES ADOLESCENTS

Marie-Claire est assez inquiète de voir que sa fille vit des problèmes si graves. Et puis, il y a ces histoires de drogue dont il est question partout : peut-être qu'elle pourrait tomber dans ce panneau-là. «Je n'ose même pas lui en parler, dit Marie-Claire à sa soeur Hélène. J'ai peur qu'elle réagisse mal, et puis je ne sais pas trop quoi lui dire!» «Il me semble que tu devrais aborder le sujet de façon spontanée, lui suggère Hélène. Sinon, c'est un peu comme si tu lui disais d'aller en discuter avec d'autres...»

Hélène a raison d'encourager sa soeur à parler de drogues avec sa fille. Beaucoup de parents sont au courant des dangers physiques et psychologiques des drogues. Ils connaissent les drogues, parfois pour les avoir essayées dans les années 1960 et 1970. Se souvenir de sa propre adolescence facilite la discussion... Pourtant, ils sont gênés d'en discuter avec leurs adolescents. Ils craignent d'utiliser les mauvais mots ou d'avoir des attitudes

moralisatrices. Par où commencer? Comment établir un dialogue?

C'est généralement plus simple qu'on ne le croit. Même si on a l'impression que ce que l'on dit n'a pas vraiment d'impact, c'est faux! L'influence des adultes, qu'elle soit positive ou négative, est incontestable! C'est ce qui fait la différence! Certains parents négligent d'aborder le sujet en se disant que l'école se chargera de cette éducation. Mais il n'existe pas de véritables programmes antidrogue au secondaire. En réalité, il y a deux possibilités pour les parents : en parler ou ne pas en parler.

En parler, c'est ouvrir la porte et se donner la possibilité d'analyser la situation avec eux. L'adulte doit alors être prêt à discuter de ses propres habitudes, face à l'alcool ou aux autres drogues.

UNE NUIT À LA CAMPAGNE

L'adolescence est le moment où l'on s'affirme devant ses parents et ses amis. C'est aussi le temps où l'on recherche de nouvelles expériences. Et on dirait que ce qui est interdit est plus attirant.

Au secondaire, un étudiant sur cinq a essayé une drogue ou une autre. Le tiers des adolescents a appris à fumer, la moitié boit de l'alcool, quelquefois régulièrement et le plus souvent en cachette. Alors comment dire non?

Qu'on le veuille ou non, un jour ou l'autre, tous les jeunes côtoient la drogue, à l'école ou dans la rue. La meilleure protection qu'un jeune puisse avoir pour faire face aux sollicitations du milieu, c'est la confiance en soi. C'est seulement ainsi qu'il pourra dire «Non, merci».

Ces dernières années, une drogue a connu une popularité incroyable : c'est la cocaïne, que les jeunes connaissent le plus souvent sous la forme du crack. Prise à faible dose, la cocaïne est un stimulant qui procure une sensation de bien-être. Elle a aussi certains effets moins intéressants comme l'insomnie; à l'occasion, plutôt que de stimuler, elle rend triste et apathique. À forte dose, elle peut entraîner de sérieux problèmes neurologiques et cardio-respiratoires, et occasionner la mort.

Cette drogue provoque aussi divers types de dépendance et ce, au même titre que l'héroïne. D'abord, il y a la dépendance physique; vient ensuite la dépendance sociale, c'est-à-dire que la cocaïne remplace peu à peu les sources normales de plaisir ou de satisfaction comme les amis, les jeux, le sport, les arts, etc. Enfin, on parle aussi de dépendance psychologique; c'est à cause de cette dépendance que ses adeptes ont un besoin compulsif de se procurer leur dose.

Le crack est le produit d'une formule chimique toute simple qui a pour effet de faciliter la consommation de la cocaïne. Elle peut alors être fumée dans une cigarette, ce qui procure un effet très rapide à un coût très minime. Les spécialistes parlent en ce sens de la «démocratisation du produit»... La facilité avec laquelle on s'en procure, sa présentation, son faible coût et la rapidité de son effet en font une drogue populaire et facile d'utilisation. La dépendance s'établit beaucoup plus rapidement, et ce sont souvent les plus jeunes qui en sont victimes, surtout parce qu'ils peuvent s'en procurer à bas prix.

Les problèmes de santé et les problèmes sociaux surviennent évidemment chez ceux qui consomment fréquemment et en grande quantité. C'est donc l'usage abusif des drogues qui constitue le problème. Ce qui ne veut pas dire que l'usage léger est recommandable. Ce que ça signifie surtout, c'est qu'il faut prévenir le comportement type de ceux qui abusent.

Il semble en effet y avoir une personnalité d'«abuseur». Le jeune qui n'a pas appris à résoudre les questions que la vie lui présente et qui se croit incapable de le faire aura tendance à fuir, à s'accrocher à autrui ou à quelque chose comme la drogue. Cette même personne passera de l'abus de cigarettes à l'abus d'alcool ou de drogues. Ses relations interpersonnelles passeront souvent par la dépendance à un groupe, et de façon exagérée.

Dans un tel contexte, ce qui devrait préoccuper le plus les parents n'est pas tant de savoir si leur enfant a pris une fois ou deux de la drogue, sous une forme ou sous une autre. Ce qui compte surtout, c'est l'attitude de l'enfant et de l'adolescent face à ses amis, sa capacité de dialoguer, de s'exprimer, de s'identifier comme une personne humaine et de s'estimer.

Quand un adolescent sait que ses parents, sans approuver la consommation, sont capables d'en parler honnêtement, il peut être beaucoup plus rassuré vis-à-vis du problème.

Les adultes ont raison d'encourager leurs jeunes à se poser des questions et à en discuter. Que feront-ils lorsqu'on leur offrira de la drogue? Que diront-ils, quand on les invitera à en prendre une petite dose? Ça arrive tellement vite que, juste pour ne pas bafouiller ou laisser transparaître un malaise, il est tentant de dire oui. Y penser, c'est décider de la réponse, c'est maîtriser la situation et, finalement, sa vie.

L'histoire de Richard Larocque

L'histoire de Richard Larocque est typique et c'est ce qui en fait la force et l'intérêt pour nous. Bonne famille, parents qui vivent ensemble, père policier, mère à la maison, bonne éducation, pas de violence familiale, pas de pauvreté. Bref, tout ce qu'il faut à un jeune pour connaître un bon départ dans la vie. Et pourtant... Richard Larocque, après avoir commencé à fumer du hash vers 11 ans, a fini par se retrouver «gelé ben dur» à 20 ans, sur la cocaïne à longueur de journée, au point de devoir suivre une cure de désintoxication de plus d'un an au centre de réhabilitation Le Portage. Depuis, il n'a plus touché à la drogue, mais il veut empêcher que d'autres succombent à cette tentation dévastatrice. Il travaille donc maintenant comme «formateur» en prévention.

Richard a toujours été un enfant hyperactif, chef de bande, batailleur, tannant mais pas méchant. C'est un costaud; il l'était aussi très jeune. Il a traîné cette image du «gros-grand-pas-intelligent» toute sa jeunesse. À cause de cela, il s'est senti exclu dès son plus jeune âge. Alors il a appris à faire tout ce qu'il pouvait pour attirer et retenir l'attention, pour se sentir accepté, pour ne pas être rejeté.

La «gang» était extrêmement importante pour lui parce qu'il n'y avait pas de communication dans la famille. Richard a toujours été libre de faire ce qu'il voulait. Et il semble bien que ce n'était pas ce dont il avait besoin. Pour se faire remarquer, pour embêter ses parents, il a commencé à prendre de la drogue. Son premier joint, il l'a fumé à 11 ans. Puis ce fut la mescaline, les speeds, etc. Il a passé son secondaire «gelé comme une balle». Mais ça n'allait pas trop mal à l'école et surtout au hockey : il jouait junior B à 15 ans.

Ses parents laissaient faire en se disant que ça passerait avec l'âge. Ils n'en ont jamais parlé avec lui. Et Richard recevait ça comme une gifle; pour lui, c'était comme s'ils se fichaient de ce qu'il faisait, de ce qu'il vivait. Quand son père lui parlait, c'était pour dire : «Touche pas à ça.» C'était interdit, mais sans explication. Richard se disait : «Tu ne me dis jamais ce que je fais de bien, que je suis bon, que je suis aimable. Alors de quel droit viens-tu me dire ce que je fais de mal?» En un mot, Richard n'a jamais senti d'amour chez lui.

UNE NUIT À LA CAMPAGNE

Vers l'âge de 16 ans, il se donnait totalement au hockey. Pendant quatre ans, ce sera toute sa vie. Il met la drogue quelque peu de côté. Mais ses problèmes sont loin d'être résolus. Toujours pour se faire accepter dans le groupe, il devient le batailleur de l'équipe. Il déteste ça. Il se rappelle qu'à la fin, après une bagarre au cours de laquelle il planta un autre joueur, il s'en alla au banc des punitions en pleurant. Il n'acceptait plus de tenir ce rôle détesté. Finalement, en dépit de tous ses efforts et bien qu'il ait été populaire (les bagarreurs sont toujours populaires), il n'a pas été repêché à la fin de son stage chez les juniors.

Ce fut donc la fin de la fête, de la gloire. Du jour au lendemain, il s'est retrouvé devant rien, sans emploi et sans hockey. Les gens qui l'adulaient pendant qu'il jouait l'ont tous quitté.

Richard s'est donc tourné vers la cocaïne. Pour oublier, oui, mais surtout pour se venger en se détruisant, pour faire payer ses parents, ses fans et la société. De tout cela, il n'était pas conscient. En un an et demi, il a dépensé plus de 30 000 $ pour cette poudre infernale. Il en est arrivé à falsifier des chèques. S'il avait continué, il se serait mis à faire des vols à main armée. À court de tout, il a demandé à faire un stage au Portage. Il se rendait bien compte qu'il lui fallait tout recommencer à zéro.

Au centre de désintoxication, il a vécu un an de régime militaire pour apprendre à se reprendre en main, à ne plus mentir, à résister, à dire non à la drogue. Difficile!

C'est à partir de ce moment qu'il a commencé à faire de la formation, à rencontrer des gens, jeunes et vieux, pour leur raconter son histoire et pour les inciter, sinon les convaincre, à dire non à la drogue.

Richard n'a pas trente ans et il a plein de choses à dire. Il est extrêmement posé. Ce qu'il dit, il le sent. S'il accepte de raconter son histoire, c'est pour dire aux parents qu'il ne sert à rien d'interdire sans expliquer. Une explication doit être donnée avec amour pour que l'enfant sente que ses parents lui veulent du bien. Peut-être qu'en bout de ligne cela ne fonctionnera pas; mais au moins l'enfant devenu adolescent ne se dirigera pas vers les drogues par seul souci de vengeance.

De plus, Richard veut faire ressortir quelque chose de **fondamental** : au départ, la drogue c'est bon. Si ce n'était que du poison, personne n'en prendrait une deuxième fois. Mais ce n'est pas le cas. Il faut donc dire les choses comme elles sont et surtout faire ressortir qu'après les débuts «tripants» de la drogue, il y a l'accoutumance, l'enfer, la décadence; et cela, ce n'est pas drôle du tout. Richard le sait, il l'a vécu.

Il faut faire de la prévention, et avec amour. Il ne suffit pas de dire : «Ne prends pas de drogue.» Cette phrase, Richard l'a entendue toute sa vie. Et cela ne l'a pas empêché de se jeter sur la drogue comme un noyé sur une bouée de sauvetage. Quand il était gelé, il oubliait qu'on ne l'aimait pas. C'est ainsi que beaucoup de jeunes commencent leur périple en enfer.

LES JEUNES SONT-ILS EN FORME?

Depuis quelques minutes, Marianne a enfin laissé son baladeur et ses rêveries et elle a rejoint les autres autour de la table jonchée des restes du repas. Elle semble avoir retrouvé sa bonne humeur habituelle car elle bavarde et raconte comment ses amis ont arrêté d'aimer leurs cours d'éducation physique : «C'est drôle, il y a deux ou trois ans, tout le monde raffolait de ça; maintenant, je suis à peu près la seule de ma classe à jouer au volley-ball le midi. Les autres s'en vont tous s'asseoir pour jaser.»

Marianne est témoin d'un phénomène assez généralisé. Entre le début et la fin de l'adolescence (de 10 ans à 19 ans), il y a une chute radicale de la condition physique (de 96 p. cent à 39 p. cent). De nos jours les jeunes passent plus de temps à regarder la télévision et des vidéocassettes, et à jouer à des jeux électroniques qu'à faire de l'exercice ou un sport.

Plusieurs croient que les cours d'éducation physique sont suffisants pour maintenir ou améliorer la forme chez les jeunes. Eh bien! non, malheureusement : le temps consacré aux activités physiques à l'école est très court.

Théoriquement, le ministère de l'Éducation attribue deux heures d'éducation physique par semaine au programme éducatif. Mais dans les faits, les jeunes n'ont souvent qu'une heure, à cause du manque de locaux. Et à l'intérieur d'un cours d'une heure, l'adolescent n'est actif qu'une quinzaine de minutes seulement.

Pourtant, pour améliorer ou maintenir la forme physique, il est recommandé de faire une activité physique au moins trois fois par semaine, de 20 à 30 minutes, de façon constante et modérée.

Afin de résoudre le problème, plusieurs écoles offrent maintenant des activités intramurales pendant l'heure du dîner. Les élèves peuvent participer à des activités sportives, individuellement ou en groupe (badminton, tennis, volley-ball, soccer, athlétisme, entre autres). C'est là un élément de solution mais qui ne résout pas complètement le problème, car les adolescents sédentaires ne sont pas les plus fervents de sport pendant l'heure du repas. Peut-être faudrait-il rendre ces activités obligatoires, deux à trois fois par semaine? Cela inciterait tous les jeunes à être plus actifs.

En fait, le problème en est un d'éducation générale. Enseignants et parents doivent investir plus d'énergie afin de sensibiliser les jeunes aux avantages d'une bonne forme physique. Les cours d'éducation physique devraient insister sur le plaisir de la bonne forme plus que sur celui de la compétition. Les jeunes délaissent souvent un sport à cause de la trop grande pression qu'ils y ressentent.

LES RÈGLES CHEZ LES JEUNES ATHLÈTES FÉMININES

Marianne aime les sports en général et fait beaucoup de danse. Récemment, elle a entendu parler d'un phénomène que plusieurs jeunes danseuses connaissent : l'arrêt des règles. «Il y a des filles qui aiment ça et d'autres que cela inquiète. Quant à moi, peut-être que je n'aurai jamais mes premières règles si je continue!»

L'activité physique a généralement des effets bénéfiques sur les gens, mais on ignore souvent les problèmes que vivent les athlètes à la suite de programmes d'entraînement trop intensifs. On entend parler de blessures et de fractures chez les grands champions. Mais il existe aussi des problèmes de santé plus cachés, dont un qui touche tout particulièrement les filles et les jeunes femmes : l'aménorrhée, c'est-à-dire l'arrêt des règles.

Normalement, cet arrêt se produit durant une grossesse ou à la ménopause. Mais on sait depuis longtemps que les jeunes femmes très stressées ou celles qui ne se nourrissent pas suffisamment peuvent souffrir de ce problème. Ainsi en est-il des anorexiques. L'aménorrhée affecte aussi de plus en plus de filles et de jeunes athlètes à cause du stress et du surentraînement. Une athlète sur dix serait affectée par ce phénomène, semble-t-il.

Comment l'arrêt des règles se produit-il? Les danseuses et les gymnastes se sous-alimentent parfois afin de répondre à des critères esthétiques et sportifs dans leur discipline. Or, lorsqu'une personne est sous-alimentée, son corps cherche par tous les moyens à garder ses réserves d'énergie. La fonction reproductrice nécessite une grande part de ces réserves et c'est elle qui s'arrête en tout premier lieu. La reproduction est en quelque sorte une fonction corporelle «de luxe». Quand elle s'arrête, ce sont les règles qui disparaissent. Chez les plus jeunes, on assistera à un retard du début des règles.

COMMENT ÇA VA?

En plus des gymnastes et des danseuses, les coureuses de fond, les nageuses, et toutes celles qui s'adonnent à des activités sportives intenses sont aussi susceptibles de subir une aménorrhée. On a remarqué, entre autres, que celles qui courent 79 kilomètres par semaine voient souvent leurs règles s'arrêter, alors que celles qui en font 60 sont rarement touchées. Dans le sport comme ailleurs, il est bon de garder la mesure.

Comment les athlètes réagissent-elles? Elles y voient souvent des avantages, puisqu'elles ne connaissent pas les changements physiques et émotifs que bien des femmes subissent avant leurs règles. Elles constatent ainsi une plus grande régularité dans leurs performances sportives.

Cependant, ce phénomène a un côté préoccupant. On a noté que ces femmes perdent de la masse osseuse, exactement comme les femmes ménopausées. Certains vont même jusqu'à dire que les jeunes athlètes ont l'ossature d'un personne de 50 ans. Or cela risque de se traduire par des fractures.

Par conséquent, il faut prendre le problème au sérieux. La jeune fille doit connaître la cause de son aménorrhée et ses complications potentielles. Si la période d'aménorrhée se prolonge, le médecin lui conseillera de réduire le stress et les périodes d'entraînement, d'augmenter et d'équilibrer son alimentation. Au besoin, il prescrira un traitement hormonal. Ainsi, les règles réapparaîtront, et les os reprendront de la vigueur.

Le phénomène de l'aménorrhée nous amène à nous poser la question suivante : le sport d'élite doit-il être exercé au détriment de la santé?

LA TRAÎNE SAUVAGE: ATTENTION, ON S'AMUSE!

«De toute façon, il y a du danger dans chaque sport, dans chaque activité physique», dit Marianne que la conversation intéresse vivement. «En été comme en hiver, dès qu'on bouge on risque de se blesser! L'hiver dernier, en traîne sauvage, mes amies et moi on a failli laisser notre peau sur une pente. La traîne sauvage, ça a l'air de rien, mais il faut quand même savoir comment en faire.»

Marianne a bien raison de parler comme cela car chaque hiver, les sports de glissade entraînent des milliers de fractures, des contusions, des traumatismes crâniens et même des pertes de vies. Avez-vous déjà imaginé la vitesse que peut atteindre une traîne sauvage?

COMMENT ÇA VA?

Comme dans d'autres sports, il faut ici aussi penser à la sécurité. Voici quelques principes qu'il est bon de suivre si on veut s'amuser longtemps en traîne sauvage.

On commence par choisir un lieu sans risques. Par exemple, s'il y a des arbres ou des gens sur le chemin, il faut faire quelques pas et aller un peu plus loin. Cela semble évident et pourtant... combien d'enfants l'oublient!

Il vaut mieux être assis plutôt qu'à genoux. On peut ainsi mieux contrôler la traîne sauvage et diminuer les risques de blessure en cas de chute. Quand on est seul, on s'assoit près du tambour, les jambes pliées, les pieds sous le tambour, à l'extérieur des chaînes.

Pendant la descente, on tient le tambour des deux mains. Si on perd la maîtrise de la traîne, au lieu de s'agripper, on lâche la traîne et on roule dans la neige.

Par ailleurs, les mains gèlent moins vite avec des mitaines qu'avec des gants. Sous l'habit de neige, au lieu d'un gros chandail, il vaut mieux porter plusieurs vêtements légers. L'air emprisonné entre les vêtements superposés constitue un excellent isolant. Quand on est bien au chaud, nos muscles sont plus détendus ce qui, d'une certaine façon, nous protège des blessures.

Quand on est en groupe, le nombre de personnes qui montent ne doit pas dépasser le nombre des séparations dans la traîne sauvage.

Les passagers plient les jambes et les placent toujours sous les genoux de la personne d'en avant, et non au-dessus; on tient l'autre solidement par la taille. Encore une fois, si on tombe, on lâche tout, même son voisin. Question de prudence : faites porter des casques de sécurité à vos enfants.

C'est comme ça que la glissade est amusante : quand personne ne se fait mal!

CHAPITRE 3

Préparons la nuit

Le souper est terminé et la discussion va bon train. Mais les enfants ont été bien prévenus : l'heure du coucher doit être la même qu'à la maison. Cette heure est maintenant arrivée. Virginie et Sophie, Arthur et Martin se soumettent donc à la loi des parents et, sagement, se dirigent vers la grande salle de bain où ils feront leur toilette avant d'aller dormir. Antoine est si petit que tout, avec lui, est différent. Quant à Marianne, presque adolescente, elle restera avec les adultes pour ramasser la vaisselle.

Dans la salle de bain, Marie-Claire fait couler l'eau pour que chacun fasse une trempette; grand-maman distribue des brosses à dent, pendant qu'Hélène fouille dans des tiroirs pour trouver d'anciennes chemises de nuit qui feront aux enfants.

Quoi de mieux qu'improviser pour qu'un court séjour à la campagne prenne les airs d'une fête dont on se souviendra longtemps!

LES POUX

Virginie et Sophie se brossent les cheveux tout en bavardant. Après un moment, Virginie se penche au-dessus du lavabo et se secoue la tête avec tant de vigueur que Sophie s'étonne de son geste un peu brusque. «Depuis qu'il y a eu des poux à l'école, je fais ça tous les soirs, explique Virginie à sa cousine. Comme ça, si jamais j'en attrape moi-même, je le saurai assez vite!»

Des enfants qui arrivent à la maison avec des poux, ce n'est évidemment pas drôle. Mais ce n'est pas non plus dramatique. Parmi les enfants en âge d'aller à l'école primaire, 5 p. cent en attrapent en essayant la tuque d'un ami ou en empruntant le peigne d'une copine. Contrairement à ce que l'on

pense souvent, les poux ne volent pas et ne sautent pas. Ils se transmettent par contact direct.

Ils se cachent dans la chevelure et sont pratiquement invisibles. Heureusement, leurs oeufs sont plus faciles à identifier. On les appelle des «lentes»; celles-ci se présentent sous la forme de petits points blancs. Les lentes ressemblent en fait à des pellicules, avec la différence qu'elles collent aux cheveux.

Comment faire alors pour s'en débarrasser? D'abord, il faut laver les cheveux avec un des produits conçus spécialement pour tuer les poux! Il faut lire attentivement le mode d'emploi, car il varie souvent d'un produit à l'autre. On peut éliminer les lentes en peignant les cheveux avec un peigne conçu à cet effet et dont les dents sont très rapprochées. Puis, on nettoie à l'eau bouillante les peignes, les brosses, les tuques et les bonnets, tous les objets personnels et la literie d'enfant.

Ensuite, c'est terminé. Il n'en reste qu'un mauvais souvenir...

LA CIRE D'OREILLES

«Grand-maman, est-ce que tu as des coton-tiges?» demande Arthur sur le ton d'une urgence désespérée. Son père Denis, qui l'a entendu, pointe sa tête dans la porte entrebâillée et lui fait une remontrance qui semble coutumière : «Arthur, tu sais que je ne veux pas que tu te nettoies les oreilles avec des coton-tiges! Je t'ai déjà dit que c'était dangereux; alors prends ta débarbouillette et fais comme je t'ai montré, compris?»

Arthur commet une erreur bien fréquente. Il veut utiliser des coton-tiges pour aller enlever jusque dans le fond de son oreille la cire qui sert pourtant à le protéger. En réalité, ces coton-tige ne sont pas très indiqués pour farfouiller dans une oreille. L'intérieur d'une oreille contient un mécanisme fragile. Tout objet pointu peut perforer le tympan, provoquer une infection et créer des bouchons de cire.

Non seulement est-il imprudent d'utiliser des coton-tiges pour aller dans les oreilles, mais il est même déconseillé d'enlever la cire que bien des gens veulent déloger de là. La cire, ce n'est pas de la saleté! En fait le cérumen, de son nom scientifique, protège les oreilles de la même manière que la cire d'abeille préserve le bois. Elle protège contre les poussières, les infections et surtout... contre la saleté!

Les oreilles, il faut les nettoyer en douceur, en essuyant tout simplement les sécrétions qui se trouvent sur le bord du canal. On enlève seulement le surplus de cire que l'on voit et ça y est : les oreilles sont propres!

LES DENTS DE LAIT

Hélène surveille attentivement les enfants pendant qu'ils se brossent les dents; elle veut s'assurer qu'ils s'y prennent comme il le faut. Mais Martin n'aime pas beaucoup cette activité que sa mère lui impose soir et matin. Il essaie toujours d'y échapper. «Martin, si tu veux avoir de belles dents plus tard, il faut que tu t'y mettes tout de suite. Allons, viens je vais t'aider.»

C'est vrai. Pour que Martin ait des dents d'adulte saines, il faut voir à ce que ses dents de lait le soient aussi. Même si celles-ci sont condamnées à ne durer qu'une brève période dans sa vie d'enfant, elles ont une importance cruciale.

Déjà, tout petit, l'enfant a besoin de bonnes dents pour croquer dans une pomme et pour apprendre à bien prononcer syllabes et consonnes. Des dents de lait cariées risquent fort de mal préparer la venue des dents d'adulte. Les parents sont en général assez fiers de voir apparaître une dent dans la bouche de leur bébé. Mais ils doivent aussi être fiers d'avoir des enfants dont les dents sont saines. Rien n'est plus facile pour un enfant que d'avoir des caries!

En effet, les bactéries qui sont continuellement présentes dans la bouche transforment les sucres en un acide qui s'attaque à l'émail des dents. Ces bactéries forment dans la bouche un amas gluant qu'on appelle la plaque dentaire et qui se régénère constamment. Avec le temps, la plaque durcit et forme le tartre que l'on voit chez les adultes.

Parce que les enfants ont une grande quantité de bactéries, ils ont aussi une grande quantité d'acide. Par conséquent, ils ont plus tendance que les adultes à faire des caries.

Prévention

Il est impossible d'éliminer les bactéries dans la bouche; par contre, on peut diminuer les occasions qu'ont ces microbes de transformer les sucres en acides.

- **Le sucre dit «naturel».** Il est faux de croire qu'un sucre naturel est bon pour l'enfant ou qu'il est moins nocif : un sucre est un sucre. Il faut donc éviter le miel (surtout sur la sucette) de même que la mélasse, le sirop de maïs ou le sirop d'érable.

- **Chez le nourrisson, le plus grand responsable de la carie dentaire est le biberon.** Si le bébé garde trop longtemps le biberon dans sa bouche, en particulier au coucher, et que le biberon contient autre chose que de l'eau, la carie peut évoluer rapidement. Goutte à goutte, le sucre contenu dans le lait (qu'il soit maternel ou ordinaire) et dans les jus de fruits (même dans ceux qui sont dits «non sucrés») se transforme en acide et se répand sur les jeunes dents vulnérables. La carie du nourrisson se retrouve surtout sur les dents de côté.

- **Attention aux fameux biscuits de dentition!** Ces biscuits ne font qu'apaiser la faim du bébé; ils n'ont aucun effet bénéfique sur la dentition. Bien au contraire, ils sont même à proscrire.

- **Attention aux collations.** On sait que la gomme, le caramel et les suçons collent aux dents mais on oublie souvent les raisins et les autres fruits secs. Pour ceux qui tiennent à donner des bonbons à leurs enfants, c'est au repas qu'il vaut mieux le faire : le surplus de salive neutralise les méfaits du sucre.

Le nettoyage des dents

Il est essentiel d'inculquer très tôt de bonnes habitudes d'hygiène buccale. Dès que les premières dents apparaissent, il faut les nettoyer. On couche alors le bébé entre les jambes, de sorte qu'il gardera la bouche ouverte plus facilement. Quand l'enfant est tout petit, on peut lui nettoyer les dents avec une débarbouillette.

• **De douze mois à deux ans**

On utilise une brosse à dents très douce et sans dentifrice.

• **De deux à trois ans**

L'enfant aime se brosser les dents lui-même. Il faut le laisser faire, mais comme il n'a pas une dextérité manuelle suffisante, un adulte peut terminer le brossage (au moins une fois par jour).

• **De quatre à cinq ans**

On ajoute le dentifrice à base de fluorure.

La fréquence

Idéalement, le nettoyage des dents devrait avoir lieu après chaque repas et chaque collation. Quand c'est impossible, il faut à tout le moins le faire le matin *et* avant de mettre l'enfant au lit.

À partir du moment où l'enfant se brosse lui-même les dents, il est bon de l'habituer à le faire au moins deux fois par jour; dans un second temps, on lui demande de le faire après chaque absorption de sucreries.

La soie dentaire

Il est recommandé d'utiliser la soie dentaire dès l'âge de trois ans.

Le dentiste

La première visite chez le dentiste devrait s'effectuer à l'âge de deux ou trois ans. À cet âge, non seulement l'examen et les réparations sont-elles gratuites, mais de plus — surtout s'il n'a pas de caries — l'enfant a l'occasion de s'habituer à ces visites qui devront en effet se répéter tous les huit mois.

Beaucoup d'adultes ont peur du dentiste. Il n'est surtout pas nécessaire de transmettre cette anxiété à l'enfant!

C'est tout simple : de la même manière que les parents voient à ce que leurs enfants soient bien vêtus et bien nourris, ils doivent aussi voir à ce qu'ils soient propres. C'est aussi vrai pour les dents que pour les autres parties du corps!

LES DENTIFRICES ET LE FLUOR

«Moi, j'aimerais ça s'il y avait du dentifrice à la saveur de pommes, d'oranges ou de fraises, s'exclame Virginie. Ça serait bien plus amusant de se laver les dents!»

Le choix du dentifrice est important. Ce qui distingue les dentifrices, ce n'est pas tant leur goût que leur pouvoir abrasif, c'est-à-dire leur capacité d'enlever les bactéries collées sur les dents. Malheureusement, la force nettoyante n'est pas indiquée sur les emballages. Alors on doit se fier aux recommandations des dentistes et des hygiénistes.

Ainsi, pour les enfants et les adultes qui ont de bonnes gencives, on recommande un dentifrice dont le taux d'abrasion est élevé, par exemple *Crest*MD en pâte, *Colgate*MD en pâte ou *Aquafresh*MD triple action. Pour ceux dont la gencive ne recouvre pas parfaitement la racine des dents, on conseille un dentifrice moins abrasif, par exemple *Colgate*MD ou *Crest*MD en gel, et *Aquafresh*MD double action. Il y a aussi la marque *Sensodyne*MD, un dentifrice vraiment efficace pour soulager les dents sensibles au froid ou au chaud.

Les dentifrices naturels nettoient aussi très bien. Ils sont à base de sels minéraux, de gingembre ou d'algues. Mais ils coûtent de deux à cinq fois plus cher que les autres... et il y manque quelque chose de très utile : le fluor. Le fluor est une substance qui se fixe à la surface des dents et qui protège l'émail. Une dent, c'est comme une pomme. Quand on croque la pomme, sa chair à nu se met vite à brunir. Il en va de même pour une dent qui n'a pas la protection de son émail. Elle se décompose et se trouve vite envahie par la carie. Le fluor contribue à renforcer la protection de l'émail et à éviter ce processus de dégradation.

Le bicarbonate de soude est un autre produit qui nettoie presque aussi bien que les pâtes dentifrices, quelles qu'elles soient. Mais c'est comme avec les dentifrices naturels : on n'y trouve pas de fluor. Or, l'effet de cette substance est tellement positif pour la santé des dents qu'il vaut mieux s'assurer que les dentifrices en contiennent.

Les dents d'adulte se forment dans les mâchoires des petits enfants. Une dent met environ quatre ou cinq ans à se développer; la première dent adulte apparaît vers l'âge de six ans. C'est donc dire qu'il faut commencer très tôt l'administration du fluor. Idéalement, avant l'âge de six mois, le bébé devrait recevoir sa dose quotidienne de fluor. Pendant que la dent adulte se développe dans la mâchoire, le fluor avalé par l'enfant s'incorpore dans l'émail de la dent.

Quand l'eau de la municipalité est fluorée, le fluor que l'on trouve dans le dentifrice suffit. C'est quand l'eau du robinet ne contient pas de cette substance que l'on doit ajouter des doses de fluor à l'alimentation des enfants de moins de quatorze ans. Pour leurs dents en croissance, on donnera du *Karidium*MD ou du *Fluoraday*MD, un supplément quotidien de fluor qui se prend sous forme de gouttes ou de comprimés. Pour le bébé, on recommande les gouttes qui sont plus faciles à administrer. Vous pouvez facilement les incorporer à son jus, ou mieux encore, les déposer directement dans sa bouche. Mais attention! il ne faut jamais donner de fluor avec du lait car ce dernier en diminue grandement l'effet bénéfique.

Quand l'enfant est plus grand, les comprimés conviennent bien. Il faut faire attention toutefois de ne pas dépasser la dose s'ils prennent des vitamines qui contiennent déjà du fluor. Il pourrait alors se produire un problème qui s'appelle la fluorose et qui amène des taches brunâtres ou blanchâtres dans l'émail des dents. Ce problème n'a de conséquences que sur le plan esthétique. Un excès de fluor rend tout de même les dents plus résistantes à la carie.

C'est à cause de la fluorose que certains recommandent de ne pas utiliser de dentifrice avant l'âge de deux ans. Les enfants sont portés à avaler la pâte et le fluor qu'elle contient. Pour ceux qui sont âgés entre deux et sept ans, on recommande l'usage d'une petite brosse et d'une quantité de dentifrice de la grosseur d'un pois (contrairement à ce que l'on voit dans les annonces télévisées qui suggèrent toujours de mettre le dentifrice sur toute la longueur de la brosse). Il faut donc surveiller l'enfant qui se brosse les dents et toujours veiller à ce qu'il se rince bien la bouche. S'il est porté à avaler le dentifrice, il faut le faire cracher.

Il suffit de quelques minutes par jour et d'un peu de fluor pour qu'un enfant s'assure de pouvoir, longtemps, mordre à belles dents dans la vie! Alors pourquoi l'en priver?

LA SOIE DENTAIRE

«L'autre jour à l'école, une hygiéniste dentaire du CLSC est venue nous montrer comment utiliser la soie dentaire, raconte Sophie tout en tirant sur un grand fil blanc. Elle a dit que c'était très important de s'en servir tous les jours si on voulait avoir de belles dents.»

Il est vrai qu'un simple brossage ne suffit pas, même s'il est bien fait et qu'il dure deux ou trois minutes chaque jour. Il faut prendre des moyens plus efficaces si on veut enlever la saleté qui se loge entre les dents et sous les gencives.

Cette saleté est d'ailleurs d'un type particulier et on l'appelle la «plaque dentaire». Elle est composée de résidus d'aliments, de salive et de bactéries. Quand ces trois éléments se mêlent, ils forment une matière dure qui adhère à la dent et peut provoquer de la carie, une inflammation des tissus de la gencive et même la détérioration de l'os. De plus, la plaque peut aussi être responsable de problèmes de

mauvaise haleine. Seule la soie dentaire réussit à
la déloger.

Encore faut-il savoir le faire adéquatement! Il
faut passer la soie entre chacune des dents et changer chaque fois de partie du fil. Comme la plaque
se reforme, en général, après 24 heures, la soie dentaire doit faire son travail quotidiennement, dès l'âge
de raison.

LES PREMIÈRES DENTS

*Depuis quelque temps, Arthur a un beau grand
trou au milieu des dents. Une dent d'adulte est en
train de pousser à la place et ça tire un peu. «Tu as
déjà connu pire mon garçon, lui dit son père pour
l'encourager. Tu ne t'en souviens pas, mais quand
tu as eu tes premières dents, tu as passé un bien plus
mauvais quart d'heure!»*

Il est vrai que lorsque les premières dents arrivent, elles font mal au bébé qui n'a alors que ses
pleurs pour exprimer sa douleur. Vers six ans, lorsque l'enfant perd une dent de lait, le trou laissé dans
la gencive et dans l'os ouvre la voie à la dent
d'adulte qui poussera. Mais vers six mois, quand la
première dent de bébé pousse, elle doit tracer son
chemin. Il lui faut donc traverser l'os et percer la gencive avant d'apparaître dans la bouche. Ce processus est douloureux et laisse parfois le bébé dans un
état plutôt désolant. Il peut faire de la fièvre et pleurer la nuit beaucoup plus que d'habitude.

On connaît les produits tels *Anbesol*MD ou *Ora-
gel*MD qui, appliqués sur la gencive, anesthésient
localement. Mais il existe aussi un petit truc fort

simple qui, répété à plusieurs reprises, facilite la percée de la dent : le massage.

Avec un doigt bien propre ou une serviette humide, on masse la gencive, là où la poussée a lieu. La pression du doigt, qui frictionne par petites rotations circulaires, soulage la douleur. De plus, le massage active la circulation sanguine dans la gencive, ce qui favorise la guérison.

C'est comme pour un coude frappé contre une porte ou un muscle du cou endolori : le massage soulage la gencive de bébé ainsi que l'inquiétude des parents...

LA GOMME À MÂCHER

Virginie, qui rêve de dentifrice aux saveurs les plus exotiques, n'a pas encore commencé à se laver les dents. Et grand-maman s'aperçoit bientôt que sa petite-fille a une bonne raison de retarder le moment de s'y mettre : elle mâche la gomme que grand-papa lui a donnée après le souper. «Jette cette horreur tout de suite. Tu sais à quel point je déteste voir les gens mâcher leur fichue gomme; j'ai l'impression d'avoir affaire à des ruminants...»

Il n'est pas très recommandé de laisser les petits enfants mâcher de la gomme. Avant quatre ans, elle peut trop facilement bloquer les voies respiratoires, tout comme les arachides ou les hot-dogs. Il est un peu désolant d'avoir à effectuer des manoeuvres de désobstruction respiratoire à un enfant de deux ans à cause d'une gomme «balloune». Passé cet âge, le fait de permettre ou d'interdire la gomme à mâcher devient une question de point de vue. C'est simplement parce qu'elle trouve cela inélégant que grand-maman refuse de voir les siens participer à cette activité si populaire!

La gomme à mâcher, ce n'est rien de neuf. En fait, c'est même du chiqué. L'habitude de mâcher nous vient des Mayas et des Aztèques, qui chiquaient de la résine il y a presque deux mille ans! Ce n'est qu'au XIXe siècle que l'habitude se répandit, aux États-Unis d'abord, avec de la gomme d'épinette. Puis vint la gomme commerciale, faite de paraffine sucrée et additionnée d'essences diverses.

Maintenant, la gomme à mâcher a pris une place non négligeable sur le marché. Les vendeurs de gommes ont fait, paraît-il, des affaires d'or pendant la Seconde Guerre mondiale. L'usage de la gomme serait-il relié au stress et à l'insécurité? Peut-être. Certains psychologues prétendent même qu'elle sert à remplacer la sucette!

On sait que les jeunes en achètent parce qu'ils sont attirés par la saveur, la couleur et les emballages. Et des emballages, il y en a de multiples : gommes avec cartes à collectionner ou bandes dessinées, gommes carrées ou rondes, aux couleurs tendres ou très vives, gommes avec ou sans sucre, qui font ou non des «ballounes». Dans l'ensemble du marché, c'est la gomme sans sucre qui domine désormais. Cette dernière favorise moins la carie, mais là s'arrêtent ses vertus! En fait, elle ne fait absolument pas maigrir comme certains le croient; elle contient même une multitude de calories!

PIPI DANS LE POT

Dans le coin de la salle de bain traîne un vieux pot de chambre en faïence, souvenir des années où

Denis, Marie-Claire et Hélène étaient eux-mêmes de petits enfants! Le petit pot a quitté le grenier il y a quelque temps, quand la nouvelle génération s'est mise à grandir et qu'on a appris aux enfants à faire pipi dans le pot. C'est avec Martin que le processus a été le plus difficile; Hélène en était même venue à croire qu'elle n'y arriverait jamais. Mais grand-maman l'encourageait toujours: «Depuis que le monde est monde, les enfants finissent par être propres. Sois patiente!»

C'est vrai. Les parents sont toujours trop pressés de se débarrasser des couches. Il faut admettre qu'après quelques milliers, il est bien tentant d'arrêter. Mais il ne faut pas paniquer avec cette étape et surtout ne pas se laisser influencer par «l'opinion publique» qui prétend que «les autres», eux, étaient déjà propres à 15 mois...

Il est essentiel d'attendre le moment pertinent, c'est-à-dire le moment où l'enfant est capable de collaborer, quand il peut rester propre quelques heures et baisser sa culotte tout seul. Le bon moment, c'est aussi quand un enfant a du plaisir à rester assis sur le pot. Pour augmenter ses chances de réussite, il est conseillé de lui donner à boire abondamment avant de lui proposer un tour au petit coin.

Ensuite, on lui propose des modèles; l'enfant apprend beaucoup par imitation. Certains parents utilisent une poupée qui mouille sa culotte et demandent à leur enfant d'entraîner la poupée à la propreté. Il est aussi possible d'utiliser, avec l'enfant, des livres illustrant le sujet.

Il importe de prendre l'entraînement à la propreté avec un grain de sel: il ne faut pas en faire un plat. Les échecs et les bêtises de l'enfant, il faut les passer sous silence, sinon il risque de s'en servir pour retenir l'attention. Il vaut mieux qu'il s'amuse. Ainsi, on peut dessiner sur le plancher des pieds qui indiqueront à l'enfant l'endroit où il devra se placer.

Enfin, les parents doivent récompenser l'effort. Un premier pipi dans le pot, ça mérite une récompense. Pourtant, là non plus il ne faut pas en faire un plat. Il suffit de penser à tout ce que l'enfant aura à apprendre ensuite : à lire, à écrire, à compter, à extraire des racines carrées, à calculer des hypoténuses... Ouf! Le pipi dans le pot, ce n'est vraiment qu'un début!

LES COLLATIONS

Les préparatifs pour le coucher achèvent. Virginie, qui a toujours faim, demande en cachette à sa grand-mère si elle peut avoir une collation. «À cette heure-ci, ma chérie? Mais on vient de souper...» Et cela rappelle à grand-maman que pendant l'aprèsmidi, elle avait préparé de savoureux carrés aux dattes pour les offrir après la baignade. Mais dans l'énervement, elle les a oubliés et ils sont restés, inutiles, dans le fond du frigo! De toute façon, Denis est contre les collations : «Ça leur coupe l'appétit avant les repas», dit-il constamment. N'empêche... elle aurait bien aimé qu'ils goûtent à ses petits délices!

Les enfants ont des besoins énergétiques plus élevés en période de croissance. Pour combler ces besoins, il est bon de leur offrir des collations nutritives. En fait, le problème n'est pas tant de savoir *s'ils* doivent prendre des collations ni *quand* ils doivent en prendre. Ce qui compte vraiment, c'est de savoir *qu'est-ce* qu'ils doivent prendre. Quand on choisit de bons aliments, il devient avantageux de prendre des collations.

Le fait de répartir l'apport énergétique en plusieurs petits repas permet de bien couvrir les besoins en calories et en éléments nutritifs, qui sont élevés chez les enfants en croissance et chez les adolescents.

Pour les enfants qui ont peu d'appétit et chez les plus jeunes (qui ont un petit estomac), manger de petites quantités fréquemment permet de couvrir plus aisément les divers besoins. Avoir une bonne collation à se mettre sous la dent permet aussi d'éviter la «deuxième assiettée» au repas suivant.

De plus, une collation peut permettre de compléter un repas qui n'a pas été terminé à cause d'un manque de temps ou d'appétit. Ainsi l'enfant aura l'énergie supplémentaire pour effectuer avec succès toutes ses activités. Les collations riches en glucides complexes et en fibres alimentaires (pains de grains entiers, muffins, carrés aux dattes) donnent immédiatement de l'énergie. Pour une collation qui soutient davantage, on ajoute une petite portion d'aliments contenant des protéines (fromage, beurre d'arachides).

Chez les enfants, le déjeuner est un repas qui est souvent déficient ou tout simplement omis. Des études démontrent que le fait de prendre un déjeuner améliore les résultats scolaires et l'attention en classe. Quand l'enfant n'a pas déjeuné, la collation de l'avant-midi s'avère donc essentielle.

En réalité, il n'existe pas d'inconvénients à servir des collations aux enfants. Il suffit de faire attention aux aliments choisis. Si, au lieu d'aliments sains et nutritifs, on choisit des aliments «vides» ou peu nutritifs, comme des croustilles, des beignets, des boissons gazeuses et autres friandises, les enfants risquent de ne plus «avoir de place» pour les bonnes choses.

Au contraire, une bonne collation apporte un «plus» à l'alimentation. On y trouvera une bonne quantité de protéines, de fibres, de vitamines et de minéraux, mais peu de matières grasses et de sucre concentré. Elle sera délicieuse et amusante. Si, en plus, elle est facile à transporter, tout le monde sera heureux!

La question des portions

La règle à suivre est la suivante : l'adulte fournit la qualité, l'enfant détermine la quantité. Quand on offre à un enfant des aliments d'une grande valeur nutritive, qui lui fournissent ce dont il a besoin pour grandir et se développer, on n'a pas à s'inquiéter.

Évidemment, les besoins énergétiques varient d'une personne à l'autre. Les enfants très actifs ont besoin de plus de calories et, par conséquent, de plus d'aliments que les autres. Les collations doivent servir à répartir l'apport énergétique au cours de la journée ainsi qu'à combler les besoins nutritifs qui ne peuvent être remplis avec trois repas seulement.

Il va sans dire que les excès ne sont pas souhaitables. Pour cette raison, on ne doit jamais servir à l'enfant plus d'un litre de lait par jour, par exemple. Quant aux jus de fruits (que les enfants prennent en quantité industrielle), les pédiatres suggèrent d'en limiter l'apport à 500 mL par jour (un ou deux verres).

Mais attention! Tout surplus énergétique, même s'il provient d'aliments «bons pour la santé», entraîne une prise de poids. Ainsi, on se rend souvent compte qu'une trop grande consommation de jus de fruits entraîne un excès de poids chez les enfants.

Collations et caries

Le fait de manger entre les repas peut nuire à la santé dentaire. Comme il n'est pas toujours possible de se brosser les dents après avoir consommé une collation, il faut examiner de près le contenu en sucre des aliments choisis.

- **Les aliments «feu vert»**

Certains aliments jouent un rôle protecteur pour les dents. Ce sont des aliments non sucrés, non visqueux et de texture croustillante, qui permettent de stimuler la salivation (la salive joue un rôle protecteur contre la carie dentaire).

Le fromage protège les dents contre la carie, car en plus de stimuler la salivation, il contient du calcium, ce qui aide à reminéraliser la dent. Parmi les aliments feu vert, on trouve les noix, les craquelins, les oeufs durs, les légumes crus, le fromage, le yogourt nature, les céréales de grains entiers, le beurre d'arachides, le maïs soufflé nature.

- **Les aliments «feu jaune»**

Certains aliments sont nutritifs, mais nuisent à la santé dentaire car ils contiennent du sucre. Ils favorisent donc la carie et on dit qu'ils sont «cariogènes». À moins de traîner sa brosse à dents, on devrait les consommer seulement à l'occasion. Voici quelques aliments feu jaune : pouding, lait au chocolat, lait glacé, fruits secs (raisins, dattes, abricots). Ces aliments ont une bonne valeur nutritive mais ne sont pas recommandés sur le plan de la santé dentaire. En voici quelques autres qui, au contraire, sont pauvres sur le plan nutritif, mais ne nuisent pas vraiment aux dents : frites, gommes à mâcher sans sucre, boissons sans sucre, amuse-gueule et croustilles.

- **Les aliments «feu rouge»**

Enfin, il existe des aliments qui ne sont pas nutritifs et qui sont aussi cariogènes : les bonbons, le caramel, les pâtisseries, les boissons aux fruits, les boissons gazeuses sucrées, les gommes à mâcher sucrées. Ils ne devraient carrément jamais apparaître au menu!

L'OBÉSITÉ CHEZ LES ENFANTS

Denis trouve que Virginie est bien gourmande. Elle est toujours en train de grignoter quelque chose, de vider les paniers de fruits et de fouiller dans le frigo, à la recherche d'un yogourt, d'un biscuit ou d'une tranche de pain. «Tu vas devenir "toutoune" ma chouette si tu ne fais pas attention», lui lance-t-il avec un air mi-sérieux, mi-farceur.

Un enfant a besoin de manger pour grandir. Il est vrai que quand on grandit avec un surplus de graisse, on a, en vieillissant, de plus en plus de mal à s'en débarrasser et on risque de devenir un adulte obèse. C'est d'ailleurs souvent durant l'enfance que s'installe l'obésité.

On reconnaît diverses causes à ce phénomène. D'abord l'hérédité. Un enfant dont les deux parents sont obèses a deux chances sur trois de le devenir à son tour.

Vient ensuite l'environnement. À la maison, si on présente un bon choix d'aliments aux enfants, ils seront moins tentés par des friandises de toutes sortes. Il suffit de 200 calories de trop par jour, soit l'équivalent de quatre biscuits aux brisures de chocolat, pour engraisser d'un quart de kilo en une semaine.

Voici une autre des causes de l'obésité : le mauvais rôle qu'on fait jouer aux aliments. Punir un enfant en le privant de dessert, l'obliger à terminer son assiettée pour avoir du dessert, ou simplement récompenser une bonne action avec des friandises, c'est favoriser une fausse relation avec les aliments. Les enfants élevés de cette manière ont souvent tendance, quand ils ont à vivre des situations difficiles, à compenser par la nourriture.

Comme dernier facteur, on peut mentionner le manque d'activité physique. Il s'agit en fait d'un cercle vicieux : les enfants grassouillets ont tendance à être moins actifs. Le téléviseur est attirant. Il n'exige aucun effort et réduit le temps passé à faire de l'exercice et à dépenser de l'énergie. Et puis, c'est si agréable de grignoter devant le petit écran.

L'obésité peut se prévenir très tôt. Quand toute la famille s'y met, il est plus facile de prendre de bonnes habitudes.

Virginie mange beaucoup et souvent. Mais elle semble aimer les bonnes choses. Et puis elle n'arrête pas de bouger. Si elle continue à courir, à patiner, à pédaler et à nager souvent, on peut la laisser manger ses yogourts et son beurre d'arachides!

LES ENFANTS INTOXIQUÉS PAR L'ALCOOL

Après un bon repas, grand-papa se sert toujours un «petit gin»; c'est son rituel depuis des années. Quand la maison est remplie de cris d'enfants, on dirait qu'il en a encore plus besoin. Mais il y a une chose que son épouse déplore : «Tu laisses toujours traîner ta bouteille sur le comptoir et c'est tellement dangereux avec des petits enfants. Imagine-toi juste un instant que Martin tombe là-dessus! Pour lui, ce serait un véritable poison.»

Il est vrai que l'alcool est extrêmement dangereux pour les enfants. Après une soirée entre amis, on a souvent le goût d'aller se coucher sans faire de ménage. Certaines choses peuvent effectivement attendre au lendemain. Mais pas l'alcool. Il ne faut jamais laisser les bouteilles à la portée des enfants. Un verre de digestif suffit pour provoquer chez un enfant un arrêt respiratoire et le coma! Cent quinze millilitres (4 oz) de «fort» ou 425 ml (15 oz) de vin contiennent en effet une dose mortelle pour un enfant de deux ans.

On pense souvent que les enfants n'apprécient pas beaucoup le goût de l'alcool. Mais qui croirait qu'un enfant peut aimer sucer un pain de savon? Pourtant, cela arrive...

Pour un enfant qui a soif, ces beaux liquides colorés attirent bien plus qu'un verre de lait. Puis c'est drôle de faire comme les adultes. Par conséquent, il faut toujours ranger l'alcool dans un endroit inaccessible.

On serait peut-être bien surpris de prendre conscience de tous les endroits où il est possible d'avoir facilement accès à de l'alcool dans une maison. Par exemple : les lotions de beauté et les parfums que l'on retrouve dans presque toutes les salles de bain contiennent environ 80 p. cent d'alcool. Dans un rince-bouche, il y en a 25 p. cent. C'est beau, ça sent bon, papa et maman s'en servent tous les jours et ça se dévisse tout seul. C'est un vrai jeu d'enfant... Et il existe beaucoup de produits dont on ne soupçonnerait jamais qu'ils contiennent autant d'alcool. Prenons par exemple les nettoyeurs à vitre : ils sont encore plus toxiques qu'un digestif. Une seule gorgée de plusieurs produits de nettoyage domestiques (le combustible à fondue, le décapant, l'antigel, entre autres) tuerait un enfant. Il ne faut donc JAMAIS transvider ces produits dans des contenants que les enfants connaissent et apprécient, comme une bouteille de boisson gazeuse ou une bouteille de shampooing pour bébé.

Enfin, il ne faut jamais laisser de tels produits dans une bouteille débouchée; même pas pendant quelques secondes, que ce soit pour répondre au téléphone ou rincer un torchon. Il est tellement facile d'avaler de l'alcool, n'est-ce pas?

LES ENFANTS QUI FUMENT MALGRÉ EUX

Avec son «petit gin», grand-papa aime bien savourer un bon gros cigare. Et comme personne ne semble apprécier cette vieille manie, il se retire un peu, sur la galerie, d'où il peut voir le coucher du soleil. Avant, tout le monde fumait à la maison. Mais depuis quelques années, un à un, Denis, Hélène et Marie-Claire ont cessé et se sont mis à dire à leur père qu'il empoisonnait leurs enfants avec sa fumée.

Quand le tabac se consume, il produit presque 4000 substances différentes, dont plus de 50 sont reconnues comme cancérigènes. La fumée du bout de la cigarette contient la plus forte concentration d'ammoniaque, de benzène, de nicotine et de monoxyde de carbone. On estime que de 10 à 20 p. cent des particules de cette fumée atteignent les voies respiratoires des non-fumeurs. En fait, les non-fumeurs exposés à la fumée de tabac courraient les mêmes risques pour leur santé qu'un fumeur léger. Fumer en présence des enfants, c'est un peu comme leur faire fumer trois cigarettes par jour!

On remarque en effet que les enfants de parents qui fument présentent plus d'infections respiratoires, de symptômes respiratoires et sont plus fréquemment hospitalisés. Ils feraient deux fois plus de bronchites et de pneumonies que les enfants de non-fumeurs, surtout au cours de leur première année de vie.

On croit également que la fumée de cigarette aurait un rôle dans la fréquence et la sévérité de l'asthme. Avec l'asthme, les bronches tendent à se contracter face à différents stimuli. Plusieurs études démontrent une fréquence d'asthme accrue chez les enfants de mères fumeuses. Cette action serait reliée à l'exposition à la FTE, c'est-à-dire la fumée de tabac dans l'environnement, mais aussi à un effet sur le développement des cellules pulmonaires pendant que la mère porte son enfant et fume.

• On note des changements dans les fonctions pulmonaires de l'enfant dont la mère a fumé durant la grossesse. De la même façon que la fumée contribue à produire des bébés de petit poids, elle favorise un retard dans le développement de certaines cellules des poumons. On parle maintenant de conséquences à long terme chez la personne adulte qui pourrait être affectée de maladie pulmonaire obstructive.

- Le fait de fumer durant la grossesse multiplierait par quatre chez l'enfant le risque de développer une maladie allergique.

- Mais la conséquence la plus évidente est l'effet sur le poids du bébé. On note des déficits d'au-delà de 300 g (10 oz) chez des enfants nés à terme, mais dont la mère fumait. Plus elle fume, plus le poids est faible comparativement aux bébés des non-fumeuses. Les bébés des femmes qui fument plus de 20 cigarettes par jour courent deux fois plus de risques d'être de petit poids. Les différentes toxines agiraient sur la circulation sanguine dans le placenta, ce qui réduirait considérablement l'apport des nutriments.

- De plus, les enfants pourraient subir des déficits à long terme aux niveaux de la croissance et du développement psychologique et intellectuel.

- On note aussi un plus grand nombre de complications de grossesse : rupture prématurée de membranes, fausses-couches, détachement placentaire, etc. Ces complications peuvent amener une augmentation de la morbidité postnatale.

  Et ce n'est pas tout!

- Des études faites à Montréal démontrent que les enfants de mères qui fument plus de 20 cigarettes par jour font deux fois plus d'otites que les enfants de mères non fumeuses.

- Plus de la moitié de tous les incendies au cours desquels des enfants sont tués sont causés par la cigarette.

- Les enfants dont les parents fument ne sont pas seulement susceptibles d'avoir plus de problèmes et d'infections respiratoires, ils risquent aussi de devenir eux-mêmes fumeurs et de souffrir des graves maladies causées par l'usage du tabac.

Les enfants disposent de peu de moyens pour se protéger contre le «tabagisme passif». Sans défense, ils sont vraiment les victimes innocentes de la fumée de tabac dans l'environnement.

LES CHAUSSURES POUR BÉBÉ

Pendant qu'on s'affaire à la vaisselle, grand-maman s'est mise à ramasser les traîneries que les enfants ont éparpillées ici et là. En se penchant pour ranger des souliers d'enfant, elle s'étonne de constater que sa fille achète des chaussures aussi peu solides. De simples espadrilles! «Tu ne crains pas que les pieds de Martin ne se déforment avec des souliers comme ceux-là? Quand vous aviez cet âge-là, on vous mettait des bottines», s'exclame-t-elle!

La moitié des enfants de la terre marchent pieds nus et pourtant, ils font leurs premiers pas exactement aux mêmes âges que les nôtres. Des études rapportent qu'ils auraient même moins de déformations aux pieds et une meilleure agilité des muscles des chevilles. Alors dans la mesure du possible, quand le plancher est en bois et qu'il est recouvert de tapis, il vaut mieux laisser aller l'enfant sans chaussettes et sans souliers. Il n'y a pas de danger pour les rhumes, car ils s'attrapent par le nez et non par les pieds.

Bien des gens s'imaginent que le port d'une chaussure va encourager un bébé a marcher plus tôt. Mais la marche, c'est d'abord dans la tête que ça se passe : quand un enfant se sent prêt, il fonce, avec ou sans bottines.

La chaussure joue avant tout un rôle utilitaire. C'est une carapace pour protéger l'enfant des coupures, des coins de meuble et des humeurs de la météo. Il est donc inutile de dépenser une fortune : une paire d'espadrilles bon marché, ça peut très bien convenir, pourvu que les renforts latéraux soient assez rigides pour empêcher le pied de tourner.

Il faut aussi éviter les bottines qui montent très haut. Elles nuisent au travail musculaire. Le pied d'un enfant est plus dodu et plus trapu que celui d'un adulte; au lieu d'une chaussure de type «flâneur», on choisira donc un soulier lacé. Ce sera plus confortable.

Quand on a l'impression que l'enfant marche les pieds par en dedans ou par en dehors, il est essentiel d'en parler à son médecin avant d'acheter des supports ou des souliers correcteurs. Le plus souvent, il s'agit d'un phénomène passager.

De la même manière, il est inutile de s'inquiéter pour le faux problème des pieds plats. Jusqu'à l'âge de cinq ou six ans, les tissus de la peau et des muscles sont assez détendus et le pied n'a pas encore trouvé sa forme définitive. C'est un phénomène tout à fait naturel; toute chaussure un tant soit peu solide convient encore une fois très bien.

LES LITS D'ENFANT

Dans une petite chambre située à côté de la cuisine, on a couché Antoine. Le lit d'enfant qui occupe cette pièce est tout neuf. Grand-papa et grand-maman l'ont acheté le mois dernier après avoir entendu un reportage sur les nouveau-nés qui s'étouffaient dans leurs lits. Ils ont été impressionnés et ça les a décidés à jeter au feu le lit qu'ils avaient gardé depuis les débuts de leur mariage.

Chaque année au Québec, environ trois ou quatre enfants meurent par asphyxie lorsque leur tête se coince entre le matelas et la tête de leur lit, ou encore lorsque leur corps glisse entre deux barreaux et qu'ils restent accrochés par la tête.

Pour s'assurer que les berceaux et les lits d'enfant sont conformes aux règlements établis en vertu de la *Loi sur les produits dangereux*, il est bon de suivre quelques règles de sécurité élémentaires.

- Il doit y avoir une distance d'au moins 60 cm (24 po) entre la traverse supérieure et le support du matelas.
- Les barreaux du lit ne doivent pas avoir un espacement supérieur à 6 cm (2 1/2 po).
- Le côté qui s'abaisse doit pouvoir être déclenché en deux coups simultanés et distincts, et doit s'enclencher automatiquement.
- Le montant de coin ne doit pas avoir plus de 3 mm (1/10 po) de hauteur.
- Il ne doit y avoir aucun espace entre le bord inférieur des panneaux du bout et le bord supérieur du support du matelas.

Les parents se méfient rarement des barreaux de lit. Ils croient leurs enfants en sécurité parce que leur tête est bien trop grosse pour glisser entre deux barreaux. Mais leur corps est plus petit que leur tête, et la strangulation survient quand les enfants reculent entre deux barreaux : lorsque leur corps arrive à la tête, ils se sentent coincés, paniquent et s'étouffent.

Voici comment vérifier l'état d'un vieux lit ou s'assurer que le montage d'un lit neuf a été bien effectué.

- Les mécanismes de support du matelas doivent être fermement fixés, de façon à ne pas pouvoir être déclenchés par une poussée venant de sous le support du matelas (par un jeune enfant se cachant sous le lit et poussant avec son dos, par exemple). Les crochets peuvent aussi décrocher lorsque le jeune enfant saute sur son lit comme sur une trampoline.
- Lorsque le matelas est poussé dans un coin, il ne doit pas y avoir plus de deux doigts d'espace entre le matelas et les côtés ou les bouts de lit.
- Il ne doit y avoir aucun barreau branlant ou manquant, aucune pièce fendillée ou fêlée.
- Un matelas trop mou ou abîmé forme des trous dans lesquels l'enfant peut se coincer ou s'étouffer.
- Une bordure de protection plastifiée est dangereuse si elle est déchirée (l'enfant peut la mastiquer et s'étouffer).

Voici quelques autres conseils

- Enlevez du cou de l'enfant tout collier, élastique, foulard ou sucette, car ces objets peuvent rester accrochés dans une saillie de son lit et mettre sa vie en danger.
- Les mobiles qui sont suspendus au-dessus du lit d'enfant doivent être hors de la portée du bébé.

- On ne doit jamais attacher bébé dans son lit, car il pourrait s'étrangler en tentant de se dégager.
- Lorsque le bébé est capable de s'asseoir, il faut retirer tous les «exerciseurs» ou jouets attachés à son lit; il risquera moins de s'étouffer.
- Dès que le bébé peut se hisser en dehors de son lit d'enfant, il faut changer de lit.

LA SÉCURITÉ À LA MAISON

«Pas étonnant que vous ayez décidé d'acheter un nouveau lit de bébé, s'exclame Hélène qui connaît bien ses parents. Surtout toi, maman, qui as toujours été un peu maniaque de la sécurité dans la maison.»

Grand-maman a toujours surveillé les détails qui font qu'une maison est sûre pour les enfants qui s'y amusent. Elle connaît tous les trucs.

Ainsi, elle a compris depuis longtemps que la cuisine est l'endroit rêvé pour les enfants qui ont envie de faire toutes sortes d'expériences. Elle sait bien que les ronds de la cuisinière, les ustensiles, plus particulièrement les couteaux, et même la poubelle peuvent être la cause d'accidents. Alors dans cette pièce où elle a longtemps passé le plus clair de son temps ainsi que dans la salle de bain, elle a instauré il y a des années une série de règlements qu'elle s'est obligée à suivre à la lettre.

- Le lave-vaisselle doit être toujours fermé et en position de blocage, à cause des ustensiles pointus et du savon qui est toxique.
- Les produits d'entretien sont toujours rangés dans une armoire munie d'un mécanisme de sûreté.

- Les poignées des casseroles, sur les ronds de la cuisinière, sont tournées vers l'intérieur.
- Quand c'est possible, on cuisine sur les ronds du fond.
- On évite les fils qui pendent du comptoir et les nappes à la longue jupe. Pour un enfant qui fait ses premiers pas, cela peut sembler un point d'appui intéressant. Il vaut mieux utiliser des napperons; cela prévient bien des avalanches.
- Dans la salle de bain, on ne met pas de tabouret. Les enfants pensent moins à grimper et à atteindre la pharmacie, là où les médicaments ressemblent tellement à des bonbons.
- On prend l'habitude de laisser le couvercle et le siège de la toilette en position abaissée.
- On ne laisse pas les sacs à main à la vue des enfants. Ils contiennent trop de merveilles : cigarettes, allumettes, briquet, ciseaux, épingles, bijoux, pilules.

LES ACCIDENTS CHEZ LES JEUNES PIÉTONS

Puisque l'on parle sécurité et prudence, Sophie raconte que, pendant la dernière semaine d'école, elle a été témoin d'une scène regrettable après la classe. Un des élèves de troisième année s'est fait happer par une voiture, juste devant elle. Le garçon s'en est tiré sans trop de mal; il en a été quitte pour porter le bras en écharpe pendant un certain temps. Mais Sophie a eu la peur de sa vie.

Quand un accident de la sorte se produit, on se demande toujours comment il a pu arriver. On constate alors qu'un accident est la résultante d'un déséquilibre entre les aptitudes de l'enfant, les exigences de l'environnement routier et le comportement des autres usagers de la route.

Chacun a un rôle à jouer dans cette chaîne d'événements. Pour arriver à réduire les accidents que subissent les jeunes piétons, il faut bien sûr une approche qui s'applique à tous les plans. Et en ce qui concerne le «petit piéton», il faudrait pouvoir se mettre à sa place et faire le tour du quartier. Nous mesurerions alors à peine plus d'un mètre. La petitesse de la taille entraîne évidemment un problème de visibilité de la route surtout quand vient le temps de traverser entre des voitures garées (les automobilistes voient difficilement la petite personne). Mais ce n'est pas tout : le «petit piéton» est loin d'être simplement un adulte en miniature.

- **Sa vision périphérique est différente.**
  En fait, la vision latérale complète n'est en place qu'après l'âge de huit ans. Ce qui veut dire que le champ visuel d'un petit enfant ne lui permet pas de «capter» l'image avant qu'elle ne soit presque en face de lui.
- **Son audition est moins sélective.**
  Le petit enfant discerne mal la provenance des sons. Dans une rue à sens unique, par exemple, il éprouve des difficultés à déterminer dans quelle direction s'écoule la circulation.
- **Il estime mal la vitesse et la distance d'un véhicule.**
  Même si la voiture vient dans sa direction, l'enfant a de la difficulté à évaluer la vitesse et la distance qui le séparent d'une voiture. Cela fait en sorte

qu'il pourra parfois traverser la rue à un bien mauvais moment.

- **Il n'a pas intégré toutes les notions qui servent à évaluer une situation.**
L'enfant ne fait pas encore la synthèse entre la vitesse des automobiles, leur distance, les signaux lumineux et la signification des panneaux de signalisation.

- **Les enfants jouent dehors et sont spontanés.**
Ils ont un comportement normal pour leur âge : ils courent, sautent, se cachent, se bousculent au coin des rues, trouvent les feux de circulation beaucoup trop longs, etc.

Que faire?

D'abord, il faut être conscient que les facteurs d'accidents qui mettent en cause des jeunes piétons sont le plus souvent :

- un enfant non accompagné;
- un jeune qui court;
- un conducteur qui ne se méfie pas assez.

Une partie de la solution se trouve dans la mise sur pied d'un programme d'éducation à la sécurité routière, intégré au réseau scolaire.

Les parents peuvent encourager leurs enfants à traverser aux endroits où des brigadiers rendent la traversée plus sûre; ils doivent leur montrer comment traverser une rue, c'est-à-dire regarder de chaque côté avant de s'avancer dans la rue, ne pas courir sur la chaussée, appuyer sur le bouton qui fait changer la couleur du feu de circulation. Ils doivent eux-mêmes éviter de garer leur voiture du côté opposé de la rue de l'école lorsqu'ils vont chercher leurs enfants. On retrouve là tout ce qui est propice à un accident : un petit enfant qui voit mal la route entre toutes ces voitures, qui est excité parce qu'il sort de l'école, parce qu'il voit son papa ou sa maman ou parce qu'il est bousculé par ses camarades.

C'est dans la nature même des jeunes piétons de s'exposer aux dangers de la circulation automobile. Il vaut donc mieux redoubler de prudence quand on croit que l'un de ces Lilliputiens se promène dans les environs!

LES AUTOBUS SCOLAIRES

«Il faut absolument que les enfants sachent qu'une automobile, c'est dangereux, dit Denis qui a l'air d'avoir sa petite idée sur le sujet. Mais moi, je montre aux miens qu'il faut aussi se méfier des autobus scolaires. Et je ne crains pas tellement pour ceux qui sont en dedans; c'est surtout ceux qui se trouvent autour qui courent un risque!»

Les accidents mettant en cause un autobus scolaire sont peu nombreux. Par contre, lorsqu'il s'en produit un, il fait l'effet d'une bombe dans les médias et dans la population, car un accident touchant des enfants a toujours un caractère extrêmement dramatique.

Denis a raison, les données disponibles démontrent que ce n'est pas l'intérieur de l'autobus scolaire qui est dangereux, mais bien l'extérieur : quand il y a des décès, ils concernent plus souvent des piétons, des cyclistes, des automobilistes et, évidemment, de jeunes passagers qui montent ou descendent du véhicule.

En considérant tous les groupes d'âge, on constate qu'une dizaine de décès se produisent chaque année au Québec dans des circonstances où l'on retrouve un autobus scolaire. De ce nombre, la moitié sont des piétons et le quart des automobilistes. C'est à la montée et à la descente que la moitié de ces décès se produisent, touchant plus particulièrement les enfants dont l'âge varie entre cinq et neuf ans.

Que faire?

Le port de la ceinture de sécurité n'améliorerait pas beaucoup la situation; selon certains experts elle risquerait même d'augmenter les lésions à la tête en cas d'accident. En effet, la ceinture installée sur les banquettes d'un autobus n'a pas de baudrier et l'absence de cette courroie en bandoulière provoquerait une trop forte bascule du haut du corps, ce qui augmenterait justement, selon certains experts, les lésions à la tête.

La solution, encore une fois, se trouve plutôt dans la prévention et l'éducation. Les automobilistes doivent apprendre à être plus vigilants, surtout quand ils roulent dans des quartiers résidentiels et à proximité des écoles. Par-dessus tout, ils doivent respecter les arrêts obligatoires en présence d'un autobus scolaire immobilisé.

Certains autobus sont équipés d'un bras d'éloignement en avant à droite, ce qui force l'écolier à traverser assez loin de l'autobus. De cette manière, il devient très visible pour les automobilistes.

Lors d'un accident de la route, les blessés qui se trouvent dans un autobus courent deux fois moins de risque de succomber à leurs blessures que ceux qui se trouvent dans un véhicule de promenade. C'est encore là un argument qui favorise le transport en commun.

L'ACNÉ CHEZ LES JEUNES

Depuis quelques jours, Marianne a un petit bouton rouge sur le bout du nez. Cela la met très mal à l'aise, parce qu'elle se demande si ce n'est pas là le début d'un des ennuis qui empoisonnent souvent la vie des adolescents : l'acné. Aura-t-elle à dire adieu à sa belle peau blanche pendant les années qui la séparent de l'âge adulte?

Pas nécessairement. Il est vrai que l'acné «frappe» de nombreuses victimes : 90 p. cent des adolescents en seraient touchés, à des degrés divers bien sûr; de toute façon, il y a moyen d'en venir à bout, même pour les plus atteints.

Il faut d'abord savoir qu'il s'agit d'une maladie de peau touchant les glandes sébacées, situées à la base des petits poils localisés dans le visage, en haut du dos et sur la poitrine. C'est donc à ces endroits que l'on retrouvera les boutons.

Plusieurs facteurs contribuent à la formation de ces fameuses «pustules».

• **Des glandes sébacées qui produisent trop de gras.**
On le sait, l'adolescence s'accompagne de grands changements hormonaux : certaines hormones stimulent la production de sébum, ce qui

entraîne à la surface de la peau un surplus d'huile bloquant les pores de la peau.

- **Les bactéries qui colonisent et infectent.**
Les bactéries de l'acné se «spécialisent» en infectant localement les glandes sébacées. Mais l'infection s'étend souvent à la peau environnante, ce qui crée des boutons encore plus gros. Quand l'infection est assez grave, les cellules voisines sont détruites. Lorsque la guérison a lieu par la suite, il se forme de petites cicatrices.

- **Des pores de la peau bouchés.**
Lorsque les pores de la peau sont obstrués par un amas de kératine, on voit apparaître des points noirs, appelés aussi comédons.

Certains facteurs favorisent également l'acné.

- L'acné est plus présent en hiver qu'en été. Pendant la saison douce, les rayons ultraviolets du soleil apaisent son activité.
- Le stress augmente l'activité des glandes sébacées et, par conséquent, de l'acné (par exemple en période d'examen).
- On accuse probablement à tort la nourriture de contribuer à l'acné. En fait, elle n'aurait aucun effet sur ce phénomène.

Le traitement

Le choix du traitement dépend du stade de l'acné, c'est-à-dire du genre de boutons (comédons, pustules) et de leur étendue.

- **Crèmes et gels**
  L'application régulière de certaines crèmes et gels prescrits par un médecin permet de nettoyer les comédons et d'enlever l'excès d'huile; les pores de la peau se trouvent ainsi débouchés. La peau bien aérée combat l'acné. Ce traitement irrite au début (on aura des rougeurs et la peau qui picote), mais avec un peu de patience, on assistera à une amélioration notable.
- **Crèmes et gels avec antibiotiques topiques**
  Chez certains, un antibiotique en crème ou en gel permet de régler le compte des bactéries qui se localisent à la surface.
- **À cause de l'étendue de l'acné, le médecin prescrit parfois un antibiotique à prendre oralement pour atteindre les bactéries placées en profondeur.**
  Les produits à base de tétracycline diminuent beaucoup l'activité de ces bactéries.

Pour les cas graves et vraiment réfractaires, il existe un médicament disponible sur ordonnance médicale, l'*Accutane*^{MD}, qui bloque la production de gras au niveau de la glande. Les résultats sont étonnants, mais ce traitement doit se faire sous supervision médicale continue, parce qu'il peut s'avérer très nocif s'il est mal utilisé. Il est tout à fait contre-indiqué pour les femmes enceintes.

- **Attention aux cosmétiques, maquillants et démaquillants à base d'huile.** Ils bloquent les pores de la peau, ce qui entraîne la formation de comédons. Il faut utiliser, au plus trois fois par jour un savon doux et non parfumé, pour peau grasse, et éviter les savons durs et les abrasifs. Il est aussi important de garder les cheveux bien propres.

En conclusion

Plusieurs campagnes de santé sont orientées vers le «Non» : non à la drogue, non à l'alcool au volant. Quand on pense à l'acné, c'est une campagne du «Oui» qu'on entreprend : oui... aux médicaments.

- L'adolescent est souvent rebuté par le fait de prendre des médicaments. Même si la majorité des traitements de l'acné ne modifient pas complètement le cours de la maladie, ils diminuent drôlement son activité. En fait, on ne sait ni quand ni pourquoi l'acné régresse, mais chez la majorité des adolescents, elle disparaît spontanément avant qu'ils n'atteignent la vingtaine.
- Les crèmes, gels et autres produits de soins de la peau nécessitent l'assiduité et la persistance de l'usager. En général, l'adolescent veut que son

problème se résolve vite et bien. Mais il doit être patient et supporter les effets secondaires du traitement : ça s'aggrave souvent avant d'aller mieux.

- Plusieurs adolescents pensent qu'il n'existe pas de traitements efficaces et qu'il n'y a rien à faire pour résoudre leur problème. Ils restent ainsi isolés, sans parler à personne de leur disgrâce. Les médecins rencontrent souvent en consultation des adolescents qui omettent de parler de leur acné; c'est comme s'ils croyaient que, sur ce plan, ils étaient «soumis au caprice du destin». Pourtant, la majorité sont très malheureux de constater que ce fameux destin se montre si cruel envers eux...

CHAPITRE 4

La lune dans le grenier

Grand-maman a quitté les autres depuis un moment déjà pour aller préparer les lits des petits-enfants. Au deuxième étage de la maison, un grenier fait office de dortoir et de bric-à-brac. On y retrouve tous les lits qui ont servi successivement aux enfants de la maisonnée. Les petits-enfants adorent coucher dans ce grenier où la lune, entrant par les lucarnes, permet d'entrevoir, quand toutes les lumières sont éteintes, les vieilleries que grand-maman a toujours ramassées. Ici il y a une robe de mariée en satin et une robe de bal à traîne dorée, là on voit suspendus le costume du loup et celui du chaperon rouge, toutes sortes de falbalas, des chapeaux pointus et d'anciennes garnitures de chinchilla!

C'est toujours long avant qu'on s'endorme, dans cette pièce où les ombres traînent en forme de mascarade... D'autant plus qu'à quatre enfants dans la même chambre, la conversation et les fous rires vont bon train.

Pour être sûre que tout ce petit monde rejoindra bientôt Morphée, Marie-Claire est montée et se berce dans un coin, obligeant les plus bavards à se taire et, très bientôt... à s'endormir.

LE SOMMEIL

Après avoir veillé les enfants dans le «dortoir» pendant une demi-heure, Marie-Claire redescend, enchantée. «Nous sommes vraiment chanceux d'avoir des enfants qui ont le sommeil aussi facile! Certains de mes amis ont tellement de problèmes avec les leurs qu'ils peuvent compter les rares nuits où ils réussissent à dormir sept heures d'affilée.»

Au cours des cinq premières années de vie, rares sont les enfants qui ne présentent pas de difficultés de sommeil. Le plus souvent, cela se traduit par un refus d'aller se coucher, par des réveils fréquents pendant la nuit ou encore par des journées qui commencent à 5 h 30 le matin.

Avant l'âge de neuf mois, quand un bébé pleure la nuit, il faut s'en occuper et s'assurer chaque fois que tout va bien. Mais à partir de neuf mois, l'enfant commence à comprendre le pouvoir qu'exercent ses pleurs sur ses parents.

Pour éviter les problèmes, l'heure du coucher devrait être à peu près toujours la même, différente bien sûr de l'heure du coucher des parents. Il est bon d'avertir l'enfant à l'avance des quelques minutes qui lui restent et de terminer avec lui l'activité qui est en cours. Après, on peut procéder au rituel du dodo et chaque enfant a le sien : le bain, le pyjama, l'histoire, la chanson, la prière et les caresses. Tout cela dans le plus grand calme possible.

On peut allumer une veilleuse et garder la porte ouverte; les enfants ont souvent une grande peur de la noirceur vers l'âge de deux ans. Mais quand c'est fini, c'est fini. Si l'enfant fait des appels répétés pour avoir un verre d'eau, un verre de lait ou Dieu sait quoi, il faut l'avertir qu'il n'y en aura plus et tenir parole. De la même façon, s'il se relève, il faut le raccompagner à son lit, fois après fois, calmement mais sans argumenter!

Et que faire de l'enfant qui se réveille régulièrement? Deux ou trois fois fois par semaine, il est tiré de son sommeil en pleurant et pourtant, rien ne porte à croire qu'il soit malade. Faut-il le laisser pleurer? À cette question, il existe deux types de réponses. Le célèbre docteur Spock suggère, quant à lui, de laisser pleurer l'enfant sans aller le trouver. Mais plusieurs parents trouvent cette méthode plutôt radicale et lui préfèrent la seconde approche qui consiste à fonctionner progressivement. Quand l'enfant pleure, on attend quelques minutes. Il peut arriver qu'il se rendorme tout seul. S'il persiste à pleurer, on va le trouver pour le consoler; on lui dit des mots doux, on le caresse, mais on ne le prend pas. La visite doit être courte et il faut quitter la chambre avant qu'il se soit rendormi. On suggère d'attendre plus longtemps d'une fois à l'autre pour aller le voir et de cesser complètement au bout d'une semaine ou deux.

Quand on a un enfant de deux ou trois ans, il y a déjà un bout de temps qu'on a dit adieu aux grasses matinées. Mais cinq heures du matin, c'est exagéré! Peut-être que l'enfant se couche trop tôt, qu'il fait une trop longue sieste dans l'après-midi, ou tout simplement qu'il fait trop clair dans sa chambre.

Quand on a vérifié tous ces points et que le problème persiste, on peut peut-être conclure qu'on a un petit qui a moins besoin de sommeil que les autres. Alors on installe un radioréveil dans sa chambre. On lui suggère de jouer tranquillement près de son lit jusqu'à ce qu'il entende la musique. Quand il le fait, on le félicite. S'il ne le fait pas, on le ramène dans sa chambre. En réalité, les dodos difficiles font souvent partie de la vie d'un petit enfant et, par le fait même, ils deviennent le lot de ses parents.

LES SUCES

Hélène a couché Antoine dans la chambre où elle couchait jadis, quand elle vivait ici. Mais soudain, le bébé se réveille, et pousse un de ces cris dont il a la spécialité. «Il a perdu sa suce! s'écrie Hélène, presque en proie à la panique. Vite, il faut faire quelque chose.»

Devant les cris pressants de bébé qui réclame sa sucette (communément appelée «suce»), certains parents feraient des milles et des milles pour éviter la tension que le pouvoir vocal de leur progéniture ne manque pas de soulever. Mais d'autres hésitent à satisfaire ce besoin. Ils craignent que le bébé ne devienne trop dépendant de sa sucette, qu'il ne soit plus capable de se débarrasser d'elle et qu'elle ne lui cause des problèmes dentaires dans le futur.

Pourtant la succion n'est pas une mauvaise habitude en soi. Elle correspond plutôt à un besoin inné chez le bébé, à un réflexe tout naturel qui n'est certes pas étranger à ses premières habitudes alimentaires. C'est un besoin qui va bien au-delà de la faim.

Souvent, les parents se demandent si la sucette entraîne la déformation des dents. Ils ont raison de s'inquiéter quand la succion est soutenue, intense et fréquente. Mais en fait, sucer peut même contribuer au développement des muscles de la bouche du bébé. Il faut savoir choisir la bonne sucette dès qu'on quitte l'hôpital et au mieux, dès la naissance. Bébé prend vite des habitudes et s'attache à sa sucette. Qu'elle soit en latex ou en plastique, en un ou deux morceaux, jaune, rose ou bleue, ce qu'il faut surtout c'est qu'elle ne soit pas trop usée. Il est conseillé de la jeter après trois mois. En ce qui concerne la propreté, on n'a pas besoin de stériliser les sucettes, sauf dans le cas des nouveau-nés, comme on le fait pour les biberons. Un bon rinçage à l'eau suffit.

Et la sucette dans le miel? **Jamais!** Avant un an, on risquerait une intoxication. Cela est rare, mais possible. Et même si le miel est naturel, il contient du sucre; alors gare aux petites dents cariées!

En fait, il est naturel que la sucette fasse partie de l'univers du bébé durant sa première année. Cela ne veut pas dire qu'après cet âge, il faille décider d'en finir brusquement avec cette habitude. On peut d'abord réduire les heures d'utilisation, éviter de la lui offrir au moindre pleur, et lui présenter des substituts comme un animal en peluche ou une petite couverture.

De toute manière, entre deux et trois ans, plusieurs enfants acceptent de faire disparaître leur sucette pour faire «comme les grands».

CES ENFANTS QUI AIMENT TROP...
LEUR POUCE

«Moi, je me méfie des sucettes, dit Denis au terme de la discussion. J'ai l'impression qu'un enfant qui utilise une sucette a tendance à garder son pouce dans la bouche plus longtemps ensuite. Et avec ça, on commence à parler de sérieux problèmes avec la dentition.»

Sucer son pouce ou son doigt est l'activité orale la plus commune chez les bébés et les jeunes enfants. Durant la première année de la vie, 80 p. cent des bébés le font de façon plus ou moins régulière, pendant plus ou moins de temps. La sucette constitue le seul compétiteur valable pour le pouce.

Normalement le goût de sucer s'estompe avec l'âge. Toutefois, il existe bon nombre d'enfants qui continuent de mettre leur pouce dans leur bouche jusqu'à un âge assez avancé. Il n'est pas rare que cette activité se poursuive jusqu'à l'âge de dix ou onze ans.

Il est vrai que cette habitude gardée trop longtemps risque de causer des déformations dans la dentition de l'enfant. Les suceurs de pouce constituent une partie non négligeable de l'ensemble des enfants qui ont une forme ou une autre de malocclusion.

Les dentistes considèrent que ces déformations s'autocorrigent lorsque l'enfant s'arrête assez tôt. Mais si l'enfant continue à sucer son pouce jusqu'à l'âge de six ou sept ans, au moment où les dents permanentes commencent à sortir, il sera peut-être condamné à porter plus tard des appareils d'orthodontie pour corriger la position des dents.

Des études américaines ont montré que 45 p. cent des enfants âgés entre trois et quatre ans conservaient cette pratique. À six ans, 13 p. cent des enfants sucent toujours leur pouce. De sept à onze ans, 6 p. cent des suceurs de pouce ne désarment pas.

Quand l'enfant de plus de quatre ans conserve cette habitude, il y a risque que la bouche se déforme. En plus des malocclusions qui se présentent généralement sous la forme de dents trop avancées ou trop reculées, il peut aussi y avoir déplacement du maxillaire de la mâchoire inférieure vers l'avant ou vers l'arrière. On remarque quelquefois aussi des déformations du palais.

Il faut cependant pondérer les statistiques précédentes. Le pouce n'est pas nécessairement l'unique responsable des déformations. Certains enfants ont tendance à pousser la langue contre les dents, ce qui produit une pression soutenue. Cet élément contribue aussi à déformer la dentition.

Il faut en outre tenir compte de la durée de l'activité. Lorsque les enfants sucent leur pouce de manière occasionnelle et pendant de courts intervalles, il y a beaucoup moins de danger.

Même la technique de succion a son importance. Certains enfants ont leur pouce en bouche sans vraiment appliquer de succion ni pousser sur les dents. C'est la pression soutenue du pouce sur les dents qui cause les déformations. C'est comme si l'enfant portait son propre appareil d'orthodontie déformant.

Les conséquences de cette mauvaise habitude sont difficiles à voir au début. C'est pourquoi une visite chez le dentiste est recommandée; elle aidera à estimer l'ampleur du problème et à déterminer si des corrections sont nécessaires.

Durant la première année de leur vie, il est tout à fait normal de voir les enfants sucer leurs pouces ou leurs doigts. Certains ont affirmé qu'il s'agissait d'enfants qui n'avaient pas suffisamment accès au biberon ou au sein de leur mère. Pourtant, les sociologues et anthropologues ont constaté que les enfants suçaient leurs pouces aussi bien dans les sociétés où ils ont libre accès à la tétée que dans les sociétés où les codes sont plus rigides.

À l'heure actuelle, certains chercheurs estiment même que cette pratique est nécessaire chez le nourrisson parce qu'elle aide au bon développement de la bouche et de la mâchoire. C'est aussi, il ne faut pas l'oublier, une source de réconfort psychologique.

Est-il normal que cela se poursuive? Certains affirment que c'est un signe de troubles psychologiques, mais aucune étude ne vient confirmer cette affirmation.

Normalement, ce qui se produit à mesure que l'enfant grandit, c'est que le pouce est tranquillement délaissé comme source de plaisir et de réconfort. L'enfant passe plus de temps à découvrir le monde qui l'entoure. D'ailleurs, à ce stade, le petit met souvent des objets dans sa bouche, comme pour mieux apprivoiser les nouvelles choses qu'il voit. Cependant, si l'enfant ne trouve pas de stimulation autour de lui, il aura tendance à retrouver son vieil ami le pouce.

DES PLEURS ET ENCORE DES PLEURS

«En tout cas, moi j'aimerais mieux avoir un bébé qui suce son pouce plutôt qu'un bébé qui pleure tout le temps, dit Marianne avec philosophie. Je vais souvent dîner chez une de mes amies, et sa mère vient d'avoir un bébé qui pleure sans arrêt. Tout le monde est en train de devenir fou dans cette maison. Même moi, j'ai décidé de ne plus y retourner avant un bon bout de temps!»

Dix pour cent des bébés pleurent assez pour faire damner leurs parents. Ces derniers, en plus d'être excédés, sont souvent inquiets et se demandent si leur enfant restera difficile toute sa vie.

Une vaste étude américaine vient de révéler que, sauf exceptions, les bébés grincheux le seront de moins en moins car, entre trois et neuf mois, leur cerveau subit des changements importants. L'étude démontre également qu'il n'y a qu'une très faible relation entre le fait qu'un enfant pleure beaucoup au début de sa vie et son comportement au cours de la vie adulte.

Quand bébé prolonge son concert, on ne sait jamais trop pourquoi il le fait. Est-ce parce qu'il souffre, parce qu'il a mal au ventre, qu'il a des coliques et qu'il est malheureux? En fait, rien ne prouve qu'un bébé qui pleure outre mesure ait mal au ventre. C'est d'ailleurs pour cela qu'on préfère utiliser le diagnostic de «pleurs excessifs» plutôt que celui de «coliques».

On a avancé toute une collection d'hypothèses pour expliquer les pleurs excessifs. D'après la plus probante, le phénomène tiendrait au tempérament : on a en effet remarqué que les bébés qui bougeaient beaucoup dans l'utérus et qui étaient très actifs à la pouponnière étaient davantage sujets aux «pleurs excessifs». Mais ce pourrait aussi être une question de stimulation anarchique : il y aurait dans l'entourage trop de mouvements brusques, de bruits, de lumière, des biberons ou le sein donné à répétition, même quand le bébé n'a pas soif. La surstimulation engendre des pleurs, et les pleurs engendrent la sur-stimulation... On n'en sort plus!

Que faire, dans ce cas-là ? D'abord, il faut s'assurer qu'il n'y a pas de cause organique. Cela arrive rarement, mais un examen pourrait déceler une otite, du muguet, une infection urinaire ou même une intolérance aux protéines de vache.

Ensuite, il faut prendre patience. Les pleurs excessifs disparaissent tout seul, le plus souvent avant l'âge de trois ou quatre mois. Entre-temps, pourquoi ne pas en profiter pour approcher, toucher et embrasser le bébé avec le plus de calme et d'assurance possible? On peut le prendre, le bercer, lui offrir sa sucette, l'initier à la musique, lui faire faire un tour d'auto et mieux encore, un tour de porte-bébé.

Les anthropologues ont remarqué que les pleurs excessifs étaient inconnus dans les peuplades où les bébés sont continuellement portés par leur mère. Récemment, des chercheurs québécois ont démontré que le fait de porter un nourrisson une heure ou deux chaque jour, dans un porte-bébé, réduisait de façon significative la durée des pleurs! Ce serait une question de mouvement. Ainsi, maman et papa pourraient choisir leur concert préféré!

POURQUOI MORDENT-ILS?

«De toute façon, on ne choisit pas vraiment ses enfants ni leurs défauts, dit Hélène pour répondre à Marianne. Même si un enfant suce son pouce, ça ne veut pas dire qu'il ne pleurera pas durant toute la journée. On ne le contrôle pas nécessairement. Prends Martin par exemple. À tout bout de champ, il mord un enfant de son entourage et je ne réussis pas à l'en empêcher. Ça me décourage un peu de le voir faire, mais je ne sais vraiment pas comment l'arrêter.»

COMMENT ÇA VA?

Mordre est d'abord et avant tout une étape normale chez un jeune enfant. Il arrive que cela devienne un problème d'agressivité, mais alors c'est un problème qui peut se résoudre facilement.

Que faire avec un enfant qui mord?

Quand les bambins attaquent ainsi, c'est souvent parce qu'ils sont en colère, qu'ils veulent s'approprier le jouet d'un de leurs camarades ou parce qu'ils veulent répondre à une agression, ce qui n'est pas rare, en garderie par exemple. Mais les enfants peuvent apprendre très jeune que mordre, ce n'est pas bien!

La première chose à faire lorsqu'un bambin en mord un autre, c'est d'être ferme et de dire «Non, mordre ça fait mal et on ne mord pas»! Lorsque ce comportement se manifeste à plusieurs reprises et dans un court laps de temps, il convient d'observer les circonstances au cours desquelles se produit la chose. On pourra alors tenter d'intervenir quelques secondes avant que l'enfant ne morde et séparer les deux jeunes protagonistes, tout en leur proposant d'autres activités qui les tiendront loin l'un de l'autre pendant quelques moments.

Il faut aussi être attentif à ce qui se passe après. Les adultes sont portés à intervenir dans la majorité des cas. Ce qui fait que le petit apprend ainsi qu'il obtient de l'attention quand il mord. Certains enfants cherchent à se faire remarquer de cette façon. Il convient alors de leur signifier de l'intérêt à d'autres moments plus plaisants et agréables. Par exemple, lorsqu'ils jouent seuls ou en compagnie d'autres petits copains. Tout est tranquille et se passe bien? C'est le moment idéal pour s'intéresser à ce qu'ils font, les encourager et les féliciter.

Dans les cas où la morsure est grave et quand ce comportement ne cesse de se répéter, il convient d'utiliser le temps mort ou la chaise de tranquillité, c'est-à-dire d'isoler l'enfant assez longtemps, *chaque fois que cela se produit*, pour qu'il comprenne que les morsures entraînent des conséquences désagréables pour lui (il ne peut plus jouer avec ses jouets ou ses amis). Si l'enfant est en âge de comprendre, on peut lui dire à ce moment-là que c'est normal de se sentir en colère et d'avoir envie de mordre, mais qu'il n'est pas bien de le faire! Il est important d'enseigner aux enfants à reconnaître la nature de leurs sentiments : «Je vois que tu es en colère, maman le comprend, mais ça ne te donne pas le droit de mordre quelqu'un.» Quand l'avertissement se répète chaque fois, l'enfant apprend vite à profiter de la compagnie de ses petits amis. Et il n'est pas nécessaire de répéter des centaines de fois pour qu'il comprenne de quoi il retourne. Attention cependant : il est très important d'être ferme et constant! Les règles pour changer cette conduite chez l'enfant doivent être claires, précises et constantes. Chaque fois qu'il mord, la règle s'applique, sans exception aucune, jusqu'à la disparition complète du comportement.

Ce qu'il ne faut pas faire avec un enfant qui mord

- Il ne faut *jamais* mordre l'enfant à titre de représailles, ou pour lui montrer ce que ça fait. Cette stratégie est à éviter car, comme toutes les punitions corporelles, elle risque de susciter une augmentation à long terme du comportement négatif de l'enfant, même si à court terme la méthode semble efficace. En effet, les enfants ont facilement tendance à imiter les modèles adultes. Si vous mordez à votre tour, vous sanctionnez sa conduite d'une certaine façon, et le cercle vicieux de l'apprentissage des conduites agressives s'installe.

- Il faut éviter les punitions psychologiques, comme le chantage affectif («maman ne t'aime plus»), l'infériorisation («tu es stupide de faire cela»), ou la culpabilisation («tu as fait pleurer ta mère»), parce qu'ainsi l'enfant se sent menacé par ses parents et risque de développer un sentiment d'insécurité constant.

LA GARDE PARTAGÉE

Demain, Virginie et Arthur s'en vont passer la semaine chez Françoise, leur maman. Avant de s'y rendre, ils arrêteront chez Denis pour prendre leurs livres, leurs vêtements et quelques babioles. Ça tombe bien pour leur papa qui doit s'absenter toute la semaine. Il donnera à Virginie une clé de la maison pour qu'elle puisse venir y pratiquer son piano. La consigne est bien claire : «Tu viens pour pratiquer et pas pour écouter la télé, compris?» Mais c'est toujours avec un pincement de coeur qu'il assiste au départ de ses enfants. Il préférerait tellement les avoir entièrement sous sa responsabilité!

De plus en plus d'enfants doivent s'adapter à la garde partagée. Leurs parents n'habitent plus ensemble, mais partagent tout de même leur éducation et les responsabilités communes. Ces enfants vivent tantôt chez papa, tantôt chez maman, alternant après quelques jours ou plusieurs semaines. Ils règlent leur vie en fonction de l'entente intervenue entre leurs parents.

Indépendamment de la formule choisie, l'important est d'en arriver à une solution harmonieuse pour les enfants, même si c'est très exigeant pour les parents. Les enfants ont toujours besoin de rapports avec leurs deux parents.

La garde partagée répond partiellement au besoin intérieur de l'enfant de réunir ses parents. Cette formule l'aide à garder une certaine forme d'harmonie en lui. En vivant régulièrement avec l'un et avec l'autre, l'enfant peut oublier le couple plus facilement, sans toutefois faire le deuil d'un de ses deux parents.

Ces dernières années, on s'est fait une image assez dramatique des «enfants aux petites valises». La réalité, ni tout à fait noire ni tout à fait blanche, est bien différente. Les enfants s'adaptent généralement assez bien à leur nouvelle situation. En fait, il arrive même qu'ils trouvent des avantages psychologiques à la garde partagée. Cela réduit chez eux le sentiment de perte ou d'abandon d'un parent après une séparation et leur évite d'avoir à choisir un parent au détriment de l'autre. Les enfants apprennent avec le temps à composer avec la situation.

Dans la mesure du possible, les parents devraient habiter tout près l'un de l'autre. De cette façon, l'enfant peut facilement aller chez l'un ou chez l'autre, quand il en sent le besoin ou quand l'une de ses activités l'exige.

Ainsi, Virginie peut-elle continuer à pratiquer son piano même pendant les semaines où elle habite chez sa mère. On lui donne une clé de chez son père et elle se rend d'un endroit à l'autre toute seule et à pied.

Il est important d'aider les plus jeunes à s'adapter à leur nouvelle maison en les amenant d'abord pour une petite visite. On leur suggère par exemple d'apporter dans leur nouvelle chambre des objets qui sont précieux pour eux.

Puis, graduellement, ils y passent une nuit ou deux. En fait, ils doivent se sentir parfaitement à leur aise dans les deux milieux avant que l'on adopte une formule régulière. La garde partagée est une nouvelle façon de vivre à laquelle toute la famille doit s'adapter. Et malgré toutes les précautions qui sont prises pour aider l'enfant à se faire à sa nouvelle vie, c'est l'harmonie entre ses parents qui demeure le facteur le plus déterminant pour son équilibre.

LES GARDERIES

Depuis le début de la journée, Denis se demande comment il va aborder la question qui lui brûle les lèvres : il veut demander à ses parents de garder les enfants pendant quelques jours, car il ne sera pas encore revenu de son voyage quand les enfants auront fini leur semaine chez leur mère. Celle-ci doit elle-même quitter la ville à ce moment-là et la garderie des enfants vient de fermer à cause d'un incendie qui s'y est déclaré la semaine dernière. Quel casse-tête !

Les garderies font partie du nouveau portrait de la famille. Depuis vingt-cinq ans, la famille a radicalement changé. Ce qui était l'exception est aujourd'hui devenu la règle. À cette époque, la majorité des familles dépendait d'un seul revenu et on recensait peu de familles monoparentales. À l'heure actuelle, un famille sur cinq est monoparentale. De plus, dans la majorité des familles biparentales, les deux parents travaillent à l'extérieur. Le besoin de garderies se fait donc de plus en plus pressant.

Quelques chiffres

En décembre 1987, on dénombrait au Québec plus d'un million d'enfants âgés entre 0 et 11 ans inclusivement. Au même moment, plus de 57 p. cent des mères ayant au moins un enfant d'âge préscolaire travaillaient. On peut donc supposer que 620 000 enfants de 0 à 11 ans avaient besoin d'être gardés de façon régulière, à temps plein ou à temps partiel. Pourtant les services de garde ne disposaient, en mars 1988, que de 65 000 places. Le nombre de places ne permettait donc de satisfaire que 15 p. cent de la population des enfants qui avaient besoin d'être gardés. Depuis que ces chiffres ont été recueillis, la situation n'a pas vraiment évolué.

Les effets de la garderie sur le développement de l'enfant

Depuis le milieu des années 1970, de nombreuses études ont tenté d'évaluer les effets de la garderie sur le développement des connaissances et le développement socio-affectif des enfants. Tout d'abord, il semble qu'un enfant placé en garderie ne court pas plus de risques qu'un autre de présenter plus tard des problèmes de développement, de comportement ou d'adaptation scolaire. Si l'enfant présente de tels problèmes en garderie c'est dans la majorité des cas, parce qu'il provient d'un milieu favorisant les attitudes négatives. Par ailleurs, on sait aussi que la garderie a des effets bénéfiques sur le développement des connaissances des enfants issus de milieux défavorisés. Ces enfants ont ainsi de meilleures chances de s'adapter à l'école. En ce qui a trait à la socialisation, il est reconnu que la garderie est un milieu très stimulant, car l'enfant y apprend les règles de l'interaction avec ses semblables.

Devant ce bilan positif, les chercheurs veulent surtout déterminer maintenant quels sont les éléments nécessaires pour qu'une garderie soit de bonne qualité et quels sont les risques que l'enfant ne développe un sentiment d'insécurité lorsqu'il est mis en garderie au cours de la première année de sa vie.

À quel âge envoyer l'enfant en garderie?

Il n'y a pas d'âge idéal. Les études ne démontrent pas d'effets bénéfiques ou néfastes à entrer en garderie à un âge plutôt qu'à un autre. Toutefois, les spécialistes s'entendent pour dire qu'il est préférable d'attendre que le bébé ait au moins trois mois avant de commencer à utiliser les services de garde. Ce laps de temps constitue le minimum requis pour que s'instaurent de véritables liens entre l'enfant et ses parents. Souvent, les gens préfèrent garder leur enfant à la maison jusqu'à l'âge de deux ans parce qu'avant, l'interaction avec les autres enfants n'est pas aussi pertinente. C'est surtout le rapport avec les adultes qui compte pour lui. En ce sens, rien ne s'oppose vraiment à ce qu'un enfant de moins de deux ans aille en garderie, à moins qu'il ait des problèmes de santé. C'est vers l'âge de trois ans que les effets de la garde se font le plus sentir à cause de l'interaction avec les autres enfants. Le meilleur âge pour envoyer un enfant à la garderie est celui avec lequel le parent se sent le plus à l'aise et celui qui correspond le mieux à ses différents choix de vie.

Comment choisir une garderie?

Si on dispose d'une garderie en milieu de travail, on se demandera d'abord si on doit placer l'enfant dans cette dernière ou dans une garderie de quartier. Mais peu de parents sont confrontés à ce choix, car il n'existe pas beaucoup de garderies en milieu de travail au Québec. Pour choisir une garderie, il importe de considérer son orientation pédagogique, c'est-à-dire son programme éducatif. Cet élément s'ajoutera au facteur géographique, c'est-à-dire la situation de la garderie par rapport à la maison et au lieu de travail. Les garderies n'offrent pas toutes le même programme et n'ont pas toutes la même capacité d'accueil, même si toutes doivent se soumettre à l'*Office des services de garde à l'enfant*. Il est donc primordial pour les parents de choisir une garderie où le programme éducatif et les activités quotidiennes n'entrent pas en conflit ou en contradiction avec les valeurs et les pratiques éducatives préconisées à la maison.

Comment se préparer et préparer l'enfant à son entrée à la garderie?

Une fois la garderie choisie, voici quelques principes à suivre pour préparer l'enfant. On suggère par exemple de montrer les lieux à l'enfant, au moins une fois, deux ou trois jours avant son entrée effective. La visite peut durer environ une demi-heure. On promène l'enfant partout dans la garderie afin qu'il prenne bien connaissance des lieux, qu'il rencontre les autres enfants de son futur groupe et même qu'il joue un peu avec eux. Quelques jours plus tard, quand il reviendra sur les lieux, l'enfant pourra reconnaître l'endroit et les gens. Il ne se sentira pas perdu, seul dans un milieu complètement étranger. Entre-temps, les parents pourront rappeler à l'enfant sa visite à la garderie, les enfants qu'il aura connus, les éducateurs qu'il aura rencontrés. Le fait d'en parler aidera le bambin à se remémorer les lieux. Cette stratégie est surtout profitable aux enfants de deux ans et plus, mais rien n'interdit de le faire avec des enfants un peu plus jeunes.

Enfin, lorsqu'on parle à son enfant pour lui dire qu'il va bientôt se retrouver en garderie, il ne faut pas être ambivalent, ni rechercher son accord, mais plutôt le mettre devant le fait accompli avec une douce fermeté. «Demain, Martin, papa t'emmène à la garderie, et tu vas jouer toute la journée avec tes nouveaux amis»; et non pas «Est-ce que tu veux aller à la garderie demain, Martin, voir tes nouveaux amis?» L'enfant a besoin d'être encadré et structuré; et c'est l'adulte qui doit lui procurer ce sentiment de sécurité.

Une fois sur place, quelle attitude avoir avec l'enfant?

La journée cruciale est arrivée, et avec elle, le moment fatidique où le parent doit quitter son enfant pour aller travailler. Cette première séparation peut être intense et douloureuse, mais elle peut aussi se passer dans le calme et ne pas susciter de réaction vive chez l'enfant. Toutefois si le drame semble poindre, il y a moyen d'alléger le climat. D'abord, il faut faire preuve encore une fois d'une douce fermeté et mettre l'enfant devant le fait accompli. On évite d'être ambivalent, de tergiverser ou de céder à ses pleurs, à ses cris de détresse et d'angoisse, si intenses soient-ils. Il faut répéter à l'enfant qu'on ne l'abandonne pas, qu'on viendra le chercher plus tard dans la journée quand papa ou maman aura fini de travailler. Et cela le plus rapidement possible, tout en rassurant l'enfant. Il est important de ne pas étirer la scène. Lui donner la bise et s'en aller sans se retourner et sans rester pris dans le cadre de la porte! En général, dix minutes après que l'enfant a vu sa mère ou son père partir, ses pleurs ont cessé et la crise est finie. Le mauvais sang et la culpabilité sont donc parfaitement inutiles puisque l'enfant s'adapte très vite. En lui parlant, il est essentiel de situer le retour en fonction de la routine de la garderie. Il faut dire : « Je reviendrai te chercher après ton dodo de l'après-midi» plutôt que : «Je serai ici à 4 heures.» L'enfant comprend mieux de cette façon à quel moment il reviendra à la maison.

Les réactions de l'enfant

Règle générale, les enfants s'adaptent rapidement à la vie de garderie. Il arrive que l'on observe des réactions comme des troubles du sommeil, une alimentation perturbée, des cauchemars, davantage d'opposition et parfois une régression sur les plans de la propreté et du langage; mais la plupart du temps ces problèmes disparaissent d'eux-mêmes en quelques semaines, le temps que l'enfant comprenne que la situation va durer et qu'il se sente à l'aise dans son nouveau milieu.

La vie moderne impose à la majorité des parents de travailler. Envoyer son enfant à la garderie, c'est souvent une décision difficile à prendre, mais obligatoire. Aussi, il est inutile de s'en sentir coupable. La culpabilité et l'ambivalence des parents nuisent plus que tout à l'adaptation d'un enfant. Le passage de la maison à la garderie se fait en douceur dans la mesure où les parents sont à l'aise avec leur propre choix.

PIPI AU LIT!

De la cuisine, on entend des pleurs et quelques grincements de dents qui viennent du côté du «dortoir»... Bientôt Sophie apparaît, pleurant à gros sanglots. Il lui est arrivé un malheur : elle a fait pipi au lit. Elle a rêvé qu'elle allait aux toilettes et s'est laissée aller. Ce qui la chagrine le plus, ce n'est pas tant le fait d'être mouillée; c'est plutôt son orgueil blessé. Quelle humiliation pour une grande fille de se retrouver dans cette situation!

À l'âge de six ans, près d'un enfant sur dix fait encore pipi dans ses draps. C'est ce que les médecins appellent l'énurésie nocturne des enfants. C'est dérangeant, mais pas inquiétant. Chez 99,9 p. cent d'entre eux, un bon examen ne décèle aucun trouble physique ou psychologique. La seule coupable, c'est mère Nature.

Souvent chez les enfants d'une même famille et surtout chez les garçons, on observe que la vessie est plus petite que la moyenne et beaucoup plus lente à se développer. La nuit, elle est rapidement dépassée par les événements, alors elle déborde.

Avant l'âge de sept ans, il n'y a pas lieu de s'alarmer. Tôt ou tard, tout rentre dans l'ordre. Sans punition et sans accusation bien sûr. Mais quand ça traîne et que l'enfant en souffre, on peut tenter de lui donner la responsabilité de sa guérison. Avec de l'endurance, ça peut marcher, s'il est fortement intéressé.

On lui suggérera alors de souligner ses matins secs avec des étoiles sur un calendrier. Il essaiera de se retenir le plus longtemps possible au moins une fois par jour, comme pour étirer sa vessie. On le réveillera vers onze heures ou minuit, pour effectuer un petit aller-retour aux toilettes qui l'aidera à rester au sec.

Certains suggèrent de conditionner les enfants avec des sonneries spéciales; malheureusement, dans certains cas cette solution s'avère inutile car toute la famille se réveille sauf la personne intéressée! Il existe une méthode plus silencieuse et qui peut avoir un certain succès : l'autohypnose.

Au coucher, on aide l'enfant à se détendre. Ensuite, on lui demande de répéter trois ou quatre fois : «Cette nuit, si j'ai envie de pipi, je me lève et je vais aux toilettes. Demain matin, je me réveillerai dans un beau lit sec et je serai très heureux.» Puis l'enfant retourne tranquillement à ses rêves. Cette méthode a fait ses preuves. Il arrive que cela fonctionne comme par magie.

LES ENFANTS ABUSÉS

Pendant qu'Hélène est allée refaire le lit de Sophie avec des draps propres, Denis prend sa nièce dans ses bras et la cajole pour lui faire passer ses idées noires. Mais bientôt Arthur se pointe lui aussi, réveillé par les pleurs de Sophie. Et la réflexion qu'il

passe alors ne manque pas d'étonner tout le monde :
«Papa, si tu caresses Sophie, est-ce que ça veut dire
que tu abuses d'elle?»

Il n'y a rien de plus naturel que de manifester de l'affection à un enfant. On l'embrasse pour le féliciter, on le prend dans ses bras pour le consoler, on le bécotte pour rire. Ce sont là des gestes affectueux qui ne devraient surprendre personne. Arthur a entendu parler d'abus et d'inceste, et il n'a pas su faire la différence entre l'affection de son père pour Sophie et des caresses qui prendraient, dans un autre contexte, un tout autre sens.

Les gestes d'affection peuvent être tout aussi naturels venant de la part d'amis de la famille, de professeurs que des parents eux-mêmes. Malheureusement, ces gestes n'ont pas toujours l'innocence qu'ils devraient avoir. Qu'on veuille le reconnaître ou non, ici comme ailleurs, plusieurs enfants sont victimes d'abus sexuels.

Le sujet est souvent tabou et pourtant le problème est bien réel. Lorsqu'il y a abus sexuel, l'adulte profite de son pouvoir pour faire de simples attouchements ou pour imposer un rapport sexuel. On ne le dira jamais assez : ces gestes sont condamnables et de telles expériences ont des conséquences très néfastes sur les enfants.

À cause d'une certaine pudeur, des parents en viennent à craindre de poser des gestes affectueux lorsque leurs enfants arrivent à l'adolescence. Mais ceux-ci n'ont pas moins besoin d'être touchés et aimés parce que leur corps change et que leur sexualité s'affirme. Entre un comportement pervers et une relation affectueuse normale, il ne devrait y avoir aucune confusion possible. Pourtant, dans la tête d'un enfant qui a connu des abus, la sexualité et l'affection peuvent rester à jamais confondus.

Quand il y a abus sexuel, le pire ennemi c'est le silence. On se tait pour sauver les apparences. On se tait parce que la réalité est insupportable. On ignore les signes les plus flagrants. Surtout, on refuse d'écouter les enfants. On refuse de partager leur détresse parce qu'on ne veut pas mettre en cause quelqu'un de la famille ou un voisin. Ces petites victimes ont pourtant un urgent besoin de parler.

Ne pas les écouter, c'est donner beaucoup d'importance à l'adulte et très peu à l'enfant. Que l'on soit un parent ou un proche, si on a le moindre doute il faut tout mettre en oeuvre pour faire éclater la vérité. Pour y arriver, il est recommandé de rencontrer l'enfant dans un endroit neutre, hors du milieu familial. On le fait dessiner, on étudie sa façon de jouer avec des poupées sexuées et souvent les gestes parlent d'eux-mêmes. Et tant mieux s'il ne s'agit que d'une fausse alerte.

Les abus sexuels laissent des traces. Le drame qu'on étouffe aujourd'hui refera surface un jour. Alors mieux vaut briser le cercle du silence que de risquer de briser toute une vie...

Les statistiques recueillies sur les abus faits aux enfants font presque dresser les cheveux sur la tête. Le rapport Badgley, publié en 1985, disait qu'avant l'âge de 18 ans, une fille sur trois et un garçon sur cinq sont victimes d'abus sexuels. Si on parle d'actes de violence, de sévices physiques, on estime que près de 25 p. cent des enfants qui se présentent dans un service d'urgences ont été molestés, physiquement ou sexuellement. Ces données ne viennent pas de contrées lointaines, là où les moeurs nous semblent étranges. Elles décrivent bel et bien une situation qui se passe ici, au Canada. Certains estiment même que ces chiffres sont conservateurs.

Depuis quelques années, on a élargi la définition d'abus faits aux enfants. On parle maintenant de tout geste ou acte qui peut porter préjudice à leur intégrité. Il peut s'agir de maltraiter un enfant physiquement ou de crier et d'abuser verbalement de lui, ou encore de ne pas combler ses besoins les plus élémentaires.

Des programmes de prévention ont été mis sur pied pour aider les parents qui se sentent vulnérables, pour sensibiliser la population à la présence, souvent tout près d'eux, d'enfants abusés, pour aider les enfants eux-mêmes à comprendre ce qui est acceptable et ce qui ne l'est pas afin qu'ils puissent se défendre.

Le projet CAPP-Espace

Aux États-Unis, on a mis sur pied, il y a une dizaine d'années, un projet de prévention pour contrer ce phénomène : le projet CAPP-Espace (*Child Abuses Prevention Project*). Ce projet veut faire comprendre aux enfants qu'ils peuvent refuser qu'on abuse d'eux et surtout qu'ils sont capables de le faire. On veut leur donner concrètement des moyens de se défendre. On veut aussi leur dire qu'il faut parler, qu'il faut raconter, et qu'il y a des adultes disponibles autour d'eux pour les écouter.

Ce projet a été repris ici en préconisant une approche communautaire. Les études les plus récentes dans ce domaine indiquent en effet que pour prévenir efficacement les abus faits aux enfants, il faut bien sûr que ces derniers soient informés le plus concrètement et le plus directement possible mais il faut aussi que l'enfant abusé sache vers qui se tourner s'il a besoin de soutien. On veut que tous les adultes se sentent directement concernés par la vie des enfants qui les entourent et qu'ils soient sensibilisés à la question du dépistage d'enfants en difficulté.

Jusqu'à maintenant, une cinquantaine d'écoles au Québec ont été visitées par l'organisme. Les animatrices rencontrent d'abord les parents et les enseignants pour les sensibiliser à la situation. On leur explique le rôle qu'ils auront à jouer. Ensuite, groupe par groupe, on rencontre les enfants pour leur parler de droits, de liberté et de respect des autres. Trois situations sont alors mises en scène : l'enfant plus petit harcelé par des grands, le harcèlement par un inconnu dans un lieu public, et le harcèlement sexuel par un membre de la famille proche. Les enfants sont appelés à agir comme comédiens pour développer des stratégies dans les différentes situations, pour donner leurs opinions, pour raconter au besoin des incidents dont ils ont été victimes ou témoins. L'enseignant est présent dans la classe.

On demande ensuite aux enfants de faire un dessin pour raconter ce qu'ils ont compris. Aux plus vieux, on suggère d'écrire à CAPP-Espace pour raconter leurs expériences ou pour faire part de leurs réflexions. L'approche est nouvelle, car l'animation est centrée sur le jeu de rôles, les mises en situation et le développement de stratégies de réaction que les enfants imaginent eux-mêmes. De plus, l'activité englobe à la fois les abus sexuels et les abus de pouvoir que subissent souvent les enfants par des plus vieux. On insiste beaucoup aussi sur le fait que les enfants sont abusés par des gens qui, pour la plupart, sont leurs proches.

«Au début, les parents ont une réaction mitigée face au projet, nous raconte une des responsables. Certains enseignants se montrent réticents parce qu'ils trouvent le sujet tabou, difficile à faire accepter par les parents. Depuis longtemps je me disais : quand on veut que nos enfants apprennent à faire du ski, à lire ou à écrire, on leur enseigne. Mais qu'est-ce qu'on fait quand on veut parler de sujets difficiles comme la sexualité et les abus? On fait comme si cela n'existait pas. Malgré la meilleure bonne volonté, ce sont là des sujets difficiles à aborder avec ses propres enfants. CAPP-Espace, c'était la réponse à ma question. Je trouve qu'il est primordial que les parents et les enseignants soient concernés. Parce que ce sont vers ces adultes que peuvent se tourner les enfants s'ils ont des problèmes. On a tous, cachés quelque part, des petits secrets : ce ne sont pas nécessairement de gros abus, mais souvent des incidents dont on se rend compte, 30 ans plus tard, qu'ils sont toujours restés secrets parce que c'était trop gênant d'en parler! Je n'ai pas envie que mes enfants vivent cela. Je voudrais plus d'ouverture d'esprit.»

Manifestement, pendant l'atelier, les enfants vivent des émotions, parfois des souvenirs; ils sont touchés et ils entrent d'emblée dans le jeu. Parce qu'on leur dit les vraies choses, les vrais mots, qu'on leur explique qu'ils doivent avoir confiance dans leurs antennes, qu'ils sont capables de distinguer entre ce qui est acceptable et ce qui ne l'est pas, qu'ils sont capables de se défendre ou d'aller chercher de l'aide. On insiste aussi beaucoup sur la solidarité et l'entraide dans le groupe. Les enfants doivent à tout prix savoir qu'ils font partie d'un ensemble et que les membres de cet ensemble leur veulent en général du bien.

LES GRANDS-PARENTS

Ça y est! Denis s'est enfin décidé à demander à ses parents s'ils pouvaient garder les enfants quelques jours, la semaine prochaine. Et ils ont semblé enchantés d'accepter. Grand-maman va annuler les rendez-vous qu'elle avait déjà pris et grand-papa se trouvera justement en vacances pendant ces journées-là. «Et rien ne me fait plus sentir en vacances que de me réveiller en déjeunant avec des enfants!», s'exclame-t-il pour enlever à Denis tout remord.

Il y a des grands-parents pour qui tous les prétextes sont bons pour voir leurs petits-enfants et qui feraient n'importe quoi pour les retrouver. Le lien entre grands-parents et petits-enfants est unique; c'est un lien naturel : les grands-parents sont fréquemment des complices, des confidents et des alliés indéfectibles de leurs petits-enfants.

Souvent, c'est en regardant leurs dessins que l'on constate à quel point les enfants aiment leurs grands-parents. En effet, si la vérité sort de leur bouche, c'est avec leurs mains qu'ils expriment le mieux

leurs émotions : les dessins sortent directement de leur subconscient et disent des choses que leurs mots ne sauraient traduire.

Un enfant qui voit régulièrement ses grands-parents a vraiment beaucoup de chance : grâce à eux, il découvre le passé de sa famille et la petite histoire de ses parents quand ils étaient jeunes; il s'initie à un monde qui dépasse les limites du cadre familial immédiat; enfin, il apprend à sentir qu'il fait partie d'un tout beaucoup plus large que lui-même. Ses grands-parents jouent auprès de lui un rôle très distinct, une mission éducative différente de celle des parents. Et l'enfant le sent très bien!

L'affection réciproque que se portent les enfants et les grands-parents est un élément de plus qui favorise un bon développement de la personne.

Cela communique à l'enfant une grande variété d'émotions profondes, émotions que l'on retrouve immanquablement dans ses conversations et dans ses dessins.

Certains enfants ont des contacts très occasionnels avec leurs grands-parents, à cause de l'éloignement géographique par exemple. Parfois c'est parce que les grands-parents sont très occupés, ou parce qu'ils sous-estiment l'importance de leur rôle. Il arrive aussi que certains grands-parents se sentent timides de communiquer avec leurs petits-enfants parce qu'ils ne veulent pas s'ingérer dans les affaires de la famille ni déranger les plans d'éducation élaborés par leurs propres enfants. Mais idéalement, les liens devraient être maintenus. En l'absence de la fréquence, on pourra miser sur la qualité de la relation.

Un téléphone, une lettre, un dessin, un petit mot, la moindre pensée pourront pourtant permettre de renouer ce lien que tous les enfants chérissent. Parfois, le seul fait de *savoir* qu'un grand-parent existe suffit à nourrir l'imagination et le besoin d'affection des enfants.

Pour se rappeler le lien qui unit les enfants à leurs grands-parents, il suffit de consulter certains dessins. C'est plein de surprises, et ça ressemble souvent à de si beaux poèmes!

LES GARDIENNES ET LES GARDIENS

Marie-Claire a écouté attentivement la conversation entre ses parents et son frère Denis. «Pourquoi ne t'arranges-tu pas pour avoir des gardiens ou

*des gardiennes dans ton voisinage? Il y en a plu-
sieurs qui sont bien contents de garder, le soir et les
fins de semaine.» Et Hélène d'ajouter : «De plus, certains suivent des cours de* Jeunes Gardiens avertis.
*C'est comme ça que j'ai engagé le petit Éric. Il avait
suivi ces cours-là. Et finalement, c'est le gardien préféré des enfants. Ils s'amusent bien avec lui et je le
trouve très responsable.»*

S'il y a un moment dans la vie où les parents
voudraient vraiment se transformer en petits
oiseaux, c'est bien quand ils font garder leurs
enfants à la maison. Une fois la porte refermée, les
enfants sont sous l'entière responsabilité d'une
jeune personne dont très souvent les parents ne
savent pas grand-chose. Un jour, les enfants sont
assez grands pour raconter à leurs parents comment
«ça s'est passé»; mais en attendant, les parents doivent croire sur parole le récit de la jeune fille ou du
jeune homme.

Il existe depuis quelques années un cours,
offert le plus souvent au niveau de la 6e année ou
de la première année du secondaire, par certaines
écoles à travers la province. Ce cours est préparé
par la *Ligue de sécurité du Québec* et les enseignants sont recrutés à travers diverses disciplines
spécialisées dans l'enfance.

La question de l'âge se pose toujours. Il est
certain que chaque personne a un âge mental différent. Il est donc difficile de savoir avec certitude
quels sont les jeunes qui ont un sens des responsabilités assez développé pour prendre en charge
de jeunes enfants. La *Ligue de sécurité*, quant à elle,
s'est fondée sur la réalité pour établir ses normes.

De nos jours, le gardiennage commence assez jeune. Quand ils ont 15 ou 16 ans, les adolescents ont souvent d'autres intérêts et ils veulent vivre leur vie. Les cours sont donc donnés sous forme d'ateliers volontaires et la clientèle se recrute chez les jeunes de 12, 13 et 14 ans, et encore en grande partie chez les filles.

En 13 semaines, ces jeunes reçoivent une information très concrète sur les droits et les devoirs des parents, les enfants et les jeunes gardiens (une sorte de code d'éthique), la sécurité avec de jeunes enfants, la psychologie infantile, les activités, les jeux, les repas et sur des questions aussi simples que la manière de changer une couche. À défaut d'avoir une garantie totale que les enfants sont entre bonnes mains, ce cours fournit au moins une assurance que les jeunes n'errent pas en terre inconnue quand ils gardent.

De plus, le fait d'avoir suivi ce cours leur donne une certaine assurance et leur permet de poser des questions que les parents eux-mêmes oublient parfois. À la fin du cours, ceux et celles qui reçoivent la note maximale se voient attribuer une carte leur décernant le titre de *Gardien averti*. La consultation du manuel permet de voir que l'éventail des sujets abordés servirait à plus d'un parent.

Éric, le gardien préféré des enfants

Éric a 14 ans et il garde depuis deux ans. Il est l'aîné de trois garçons et au départ, l'idée de garder des enfants lui paraissait intéressante bien qu'il se soit posé des questions sur ses capacités.

«Quand on ne connaît pas les jeunes enfants, on se demande toujours s'ils vont être tannants;

comment ça va se passer et qu'est-ce qu'on va faire s'ils se mettent à pleurer. Mes parents m'avaient un peu préparé à l'idée, et j'avais leur façon d'agir en tête, mais ça me faisait quand même peur. Avec le temps, je me suis rendu compte que j'étais capable. Mais c'est sûr que quand t'es un gars, et même si tu sais que tu peux être «aussi bon» qu'une fille, tu es un peu inquiet.

«La première fois que j'ai gardé les enfants d'Hélène et de Richard, j'ai vite retrouvé les jeux que j'aimais quand j'étais petit et on s'est tout de suite bien entendus. C'est sûr que je n'applique pas à la lettre tout ce que j'ai vu dans le cours, mais ce que j'ai appris me revient quand c'est le temps. Je suis plus confiant.»

Éric est le gardien préféré des enfants, mais c'est aussi le préféré d'Hélène. Voici ce qu'elle raconte :

«Je suis souvent obligée de trouver quelqu'un à la dernière minute pour garder, parce que je travaille souvent le soir sur appel. Avant, c'était toujours le même rituel : je demandais aux amis ou aux voisins s'ils connaissaient quelqu'un, je demandais à une gardienne empêchée de venir si elle avait une amie qui pouvait la remplacer. Et puis j'ai fini par trouver Éric. La première fois, je ne lui ai pas fait passer une entrevue d'une heure pour savoir s'il ferait l'affaire. Je me suis plutôt croisé les doigts, j'ai donné le numéro de téléphone de l'endroit où je m'en allais et j'ai respiré au retour quand je me suis rendu compte qu'il n'était rien arrivé de malheureux.

«Chaque fois qu'il arrive un petit accident à la maison avec les enfants, je me demande toujours :

et si c'était arrivé avec une gardienne ou un gardien, qu'est-ce qui se serait produit? Ça demande tellement de sang-froid que je n'ose même pas imaginer que quelque chose puisse se passer en mon absence.

«Quand j'ai demandé à Éric de venir garder la première fois, j'ai eu une réaction très conservatrice. Je me suis demandé s'il serait aussi capable qu'une fille. Mais quand les enfants l'ont redemandé, j'ai compris.

«Il faut dire que je trouvais ça jeune, 12 ans, pour avoir autant de responsabilités. En général, avec une nouvelle gardienne (ou gardien), je commence par faire garder les enfants quand ils sont déjà couchés; ça réduit les possibilités d'accidents. Puis quand je suis plus en confiance, j'augmente les responsabilités. L'idéal, c'est d'avoir la même personne qui vient régulièrement. Les enfants acceptent plus facilement alors de faire leur petit rituel. Je me suis déjà vu téléphoner trois fois dans la soirée pour m'assurer que tout allait bien à la maison. Évidemment, je n'avais pas lu le «Que sais-je?» des Gardiens avertis.

«Il me semble que tous les jeunes devraient pouvoir suivre le cours de Gardiens avertis; rares sont ceux qui ne vont pas, un jour ou l'autre, garder des enfants. Et ce n'est pas toujours dans leur famille qu'ils peuvent apprendre comment réagir.»

LES ENFANTS UNIQUES

Pendant les journées où Arthur et Virginie se feront garder par leurs grands-parents, Virginie ira presque tous les jours chez une amie qu'elle s'est faite dans le voisinage. Héloïse, la petite voisine, sera bien heureuse de pouvoir jouer avec Virginie, car elle est enfant unique. La première fois que Virginie y est allée, elle est revenue en s'exclamant : «C'est tellement tranquille dans cette maison-là! Et c'est si propre!...»

C'est vrai que dans une maison où il n'y a qu'un seul enfant, il y a moins de jouets qui traînent et que l'atmosphère est souvent plus calme. Les enfants uniques ont toujours été considérés comme ayant un statut à part. Depuis 1925, plus de 200 études ont été publiées sur le sujet. Toutefois, très peu font état d'une théorie solide. La plupart des chercheurs partent de l'hypothèse que l'absence de fratrie a un impact profond sur le développement de l'enfant unique. Mais qu'en est-il exactement?

Les enfants uniques constituent un groupe témoin idéal pour ceux qui veulent étudier l'effet de la fratrie sur le développement de l'enfant. Ces mêmes enfants défient cependant les théoriciens qui étudient l'effet du rang dans la famille. Doit-on considérer les enfants uniques comme des premiers-nés ou des derniers-nés? Font-ils vraiment partie d'une classe à part? Faut-il absolument leur trouver des particularités?

Quelques chiffres

Dans les pays en voie de développement, les enfants uniques constituent 7 p. cent de la population enfantine, alors qu'ils comptent pour environ 15 p. cent dans les pays occidentaux. Ce pourcentage est encore plus élevé dans les pays qui sont ou ont été communistes. Il est de 21 p. cent en Chine et de 27 p. cent en Hongrie. La tendance générale est à la hausse. Aux États-Unis, le taux a plus que doublé en 20 ans : il est passé de 7 p. cent en 1960 à 11 p. cent en 1970 et à 15 p. cent dans les années 1980. Dans le monde occidental on impute cette augmentation au travail de la femme à l'extérieur du milieu familial, à un taux de divorce élevé et à un plus grand nombre de cas d'infertilité secondaire.

Dans un pays comme la Chine, il faut dire que ce sont les lois qui ont décidé de cette orientation. De plus, il ne faut pas oublier que les époques marquées par des guerres ou d'importantes récessions économiques voient le nombre d'enfants uniques augmenter sensiblement.

Opinions sur l'enfant unique

Très peu de gens considèrent que la cellule composée d'un père, d'une mère et d'un seul enfant constitue la famille idéale. On croit généralement que l'enfant ne peut s'épanouir pleinement sans la présence de frères et de soeurs. Aux États-Unis, 78 p. cent des gens croient que le fait d'être un enfant unique est un inconvénient. Dans une étude portant sur la fertilité, les personnes interrogées ont mentionné, comme raison pour avoir un second enfant, leur désir de ne pas laisser le premier seul. La crainte de se retrouver sans enfants, si le premier-né mourait, arrivait au cinquième rang.

Les enfants uniques ont souvent été considérés comme problématiques à cause de leur situation spéciale. On les a taxés de dépendance, d'égocentrisme, d'un manque de contrôle sur eux-mêmes, de problèmes émotifs, de troubles de la personnalité, de problèmes relationnels, de mésadaptation à l'âge adulte, etc. Bref, ces enfants auraient un avenir bien malheureux. Ces opinions ont longtemps prévalu, mais on a tendance de nos jours à les remettre en question.

À l'inverse, d'autres affirment que ces enfants pourraient bénéficier d'avantages certains, surtout à cause d'une relation privilégiée et exclusive avec leurs parents, situation qui les conduirait à de hauts niveaux d'excellence. De plus, ils n'auraient pas à connaître les problèmes d'adaptation et de compétition reliés à la venue d'un deuxième enfant. Ainsi, l'enfant unique serait moins anxieux, plus affirmatif, connaîtrait une meilleure estime de soi et aurait une meilleure capacité d'adaptation sociale. Ces deux approches sont tellement opposées qu'il est bon de savoir de quel côté penchent les recherches effectuées.

État de la recherche

Les premières recherches faites dans les années 1920 ont tout de suite commencé à nuancer les opinions au sujet des enfants uniques. On leur trouvait des aspects positifs (ils seraient plus intelligents, auraient le sens du groupe, seraient aussi généreux et obéissants que les autres) et des aspects négatifs (ils seraient souvent considérés comme plus agressifs par les enseignants).

Dans les années qui suivirent, on commença à établir des jalons théoriques permettant d'étudier la question plus sérieusement. Trois courants théoriques ont tenté d'expliquer les différences notées.

vation

ésence de frères et de soeurs permet de s expériences uniques, l'absence de fratrie nuirait au développement de l'enfant. Cette théorie va dans le sens des croyances populaires. Les spécialistes de la théorie des systèmes familiaux expliquent de cette façon le fait que les enfants uniques présentent parfois des problèmes en ce qui concerne les habiletés de communication, l'autonomie et la formation de l'identité.

- **La place exclusive de l'enfant unique**
  L'enfant unique connaît à la fois l'expérience d'un premier-né et celle d'un dernier-né. Il reçoit une attention particulière de ses parents, tout comme un premier-né, sans toutefois perdre sa place au profit d'un nouveau venu, comme c'est le cas des benjamins. Ceci expliquerait à la fois la qualité de leadership qu'on trouve souvent chez ces enfants, et l'égocentrisme qui les caractérise.

- **L'influence des relations parents-enfant**
  La nature de ces relations a une influence sur le développement de l'enfant. L'effet serait le même chez les premiers-nés et chez les enfants uniques. Les relations parents-enfant dans ce contexte sont marquées par un haut niveau d'anxiété parentale, anxiété qui génère une plus grande attention et des attentes souvent irréalistes. On explique ainsi le haut niveau d'accomplissement de ces enfants, leur plus grande dépendance ainsi que leur égoïsme.

Le problème, avec ces théories, c'est qu'elles font comme si toutes les familles étaient semblables du point de vue des perceptions et des réactions. En réalité, de nombreux autres facteurs peuvent jouer sur le développement; ainsi en est-il du contexte social et économique. De plus, il faut tenir compte du phénomène de maturation qui est propre à chacun. C'est l'ensemble de ces données qui, finalement, permet à une personne d'intégrer les différentes expériences qu'elle vit et de devenir unique, qu'elle ait été enfant unique ou non!

LA PENSÉE MAGIQUE

On a réussi a rendormir Sophie et Arthur depuis une vingtaine de minutes quand les pleurs de Martin se font entendre, assez fort pour qu'Hélène se dépêche de monter voir ce qui se passe. On ne veut surtout pas que toute la ribambelle se réveille à nouveau. C'est un cauchemar qui a tiré Martin de son sommeil. Il a rêvé qu'une fourmi s'apprêtait à le manger. «Mais les petites bibites ne mangent pas les grosses, voyons mon garçon», lui dit grand-papa en lui tapotant les cuisses. Et Martin de lui répondre : «Pourtant quand grand-maman a trouvé des fourmis dans l'armoire de la cuisine, cet après-midi, elle a dit que les fourmis allaient tout manger si ça continuait!»

Martin a entendu sa grand-mère pousser une exclamation spontanée. Celle-ci était exaspérée de trouver des fourmis dans les armoires de sa cuisine. Et Martin a cru que les fourmis allaient le manger lui aussi. Si cette confusion a été possible, c'est parce que Martin a une pensée magique, comme tous les enfants.

Le développement d'un enfant peut se définir comme un passage de l'état initial d'égocentrisme à un état d'objectivité face à la réalité. Quand ce processus est terminé, l'être humain est un adulte. L'enfant commence par confondre son activité propre et le monde extérieur, son propre point de vue et celui d'autrui. Le monde intérieur et le monde extérieur, le subjectif et l'objectif, la pensée et la matière : tout pour l'enfant est du même ressort.

Au départ, il ne se représente ni sa personne, ni le monde extérieur. Le monde entier partage les caractéristiques de son moi, et son moi possède les mêmes attributs que la réalité extérieure.

La pensée magique est cet amalgame unifié. C'est la notion qui veut que penser quelque chose revient au même que faire cette chose. La pensée magique est fréquente dans le rêve, dans certains troubles mentaux, chez les enfants, dans les incantations, les rituels des tribus primitives et des religions. Elle est aussi la pensée normale des enfants.

La pensée magique découle de l'omnipotence de la pensée, c'est-à-dire qu'il n'y a qu'à songer à un événement pour qu'il se produise. Par exemple bébé a faim mais maman n'est pas là. Bébé fait appel au souvenir du sein. Après quelque temps, maman vient donner le boire. Bébé est content. Il avait bien raison de croire qu'il suffit de vouloir pour pouvoir!

La pensée magique atteint parfois, et souvent même, des proportions inquiétantes : cauchemars, phobies d'animaux, etc. On la considère d'ailleurs souvent comme une forme primitive de fonctionnement mental. Primitif est ici utilisé dans le sens d'ancien, d'archaïque. Il faut se rappeler que cette pensée primitive appartient au fonctionnement mental normal, peu importe le niveau de maturité atteint par la personne.

En fait on se donne à soi-même des couches de rationalité et de réalisme, mais le niveau magique réapparaît naturellement dans différentes circonstances : quand on rêve, quand on crée quelque chose, lorsqu'on souffre d'une régression pathologique.

Le magicien

Le magicien est assis sur sa chaise haute et regarde le monde avec intérêt. Il est au sommet de son pouvoir. S'il ferme les yeux, le monde disparaît. S'il les ouvre, le monde réapparaît. S'il ressent l'harmonie au-dedans de lui, le monde lui apparaît harmonieux. Si la rage fait éclater cette sérénité, l'unité du monde éclate elle aussi en miettes. S'il désire quelque chose, il prononce les syllabes magiques qui font apparaître l'objet désiré. Ses désirs, ses pensées, ses gestes, ses sons commandent l'univers. La pensée magique persiste. Elle est une manière parfois désespérée de garder le contrôle.

Le magicien vit entre deux mondes. Le monde qu'il commande à 18 mois veut déjà lui échapper. Il commence à se douter que ses pouvoirs ont certaines limites : il n'est pas l'initiateur de toutes les activités, les gens apparaissent, disparaissent indépendamment de ses pensées ou de ses désirs.

La magie, croit-on, appartient au premier système de la pensée humaine, qui est la pensée avant les mots, la pensée préverbale. Quant à la pensée rationnelle, qui constitue une seconde étape, elle apparaît en même temps que le langage.

Bien sûr, les premiers mots (auto, maman, biscuit, bonjour) sont au service de la magie. L'enfant de 18 à 24 mois agite encore la baguette magique de sa pensée. Il ressemble encore trop au bébé qui a lié ses besoins et leur satisfaction («ma couche est mouillée et elle m'irrite : on va changer ma couche et je serai au chaud et au sec»). Il ne sait pas encore que la solution arrive parce que quelqu'un a pressenti son besoin.

Ainsi, l'ourson n'existe pas sans lui : il est là parce qu'il le voit, parce qu'il le veut. L'enfant est la cause de tout ce qui lui arrive : par exemple, la nuit vient parce qu'il a sommeil. Il est tout-puissant.

Mais la carrière de l'enfant magicien est remplie d'embûches (pensons à l'apprenti sorcier ou à Mickey Mouse). Ses auditeurs — papa, maman et sa grande soeur — ne le suivent pas toujours. Ils ne sont pas toujours là quand il le veut; ils protestent, disparaissent, font autre chose. Bien sûr, c'est la réalité qui veut cela. La réalité où s'affrontent sans cesse la Raison et la Magie. C'est le rôle des parents d'amener l'enfant vers une vision moins primitive des choses. Cela demande de la compréhension, de l'intuition et de la sensibilité. Pour transformer l'enfant-magicien en être raisonnable, cela demande d'aimer, car l'enfant perd au change. Il doit compenser par quelque chose et obtenir plus que ce qu'il perd. Il doit aussi pouvoir demeurer un peu le magicien. C'est grâce à cela qu'il pourra plus tard avoir de l'imagination, de l'originalité et une pensée personnelle. La meilleure façon pour un enfant d'effectuer une transition entre la magie et la réalité, c'est le Jeu. Le jeu constitue un pause dans le continuum de la réalité, une pause où la pensée magique a temporairement droit de cité. «Si je dis : ''Je te tue'', alors tu es mort, parce que je l'ai décidé.»

Dire «maman», c'est d'abord faire une incantation. C'est comme dire «abracadabra» : quand on dit «maman», ce n'est pas le chien qui arrive, ni papa, ni un biscuit. C'est maman elle-même. Ensuite, l'enfant découvre que le mot «maman» permet de créer l'image de maman : il peut se l'approprier à volonté. Il découvre ainsi le pouvoir du Verbe.

Voyons quelques exemples.

Hélène quitte la pièce où Martin doit dormir. Elle lui dit bonne nuit. Martin ne proteste pas et commence à parler tout seul. «Maman, papa, calo, dolo... Nuit, maman, minou, nou, nou, nou.» Cela chasse la peine d'être laissé seul et d'avoir à dormir. C'est encore la magie des mots. Dans la noirceur, il recrée son univers, peuplé de personnes aimées, en prononçant leur nom, cette formule magique.

Quand Martin arrache les fleurs du voisin, on lui apprend qu'elles sont belles ces fleurs mais qu'il ne faut pas y toucher. L'enfant peut se dire à lui-même : «Non, non. Pas arracher les fleurs.» Le langage lui permet d'intégrer les interdits, d'en faire une partie de lui-même.

Martin croit que les fourmis vont le manger car tout est possible dans la pensée magique. Il a entendu au sens propre l'exclamation de sa grand-mère et il s'est vu en train de se faire manger lui-même. Après tout, grand-maman aussi avait l'air plutôt terrifiée face à cette perspective.

L'autre fois, le toutou de Martin avait perdu un oeil. On voit un peu de coton à la surface et il se découd. Il commence à ressembler à un sac informe. Il devient une non-chose. Devant les pleurs de Martin, son papa lui a dit : «Ce n'est rien, mon Martin. On va en acheter un autre.» Mais les pleurs de Martin ont alors redoublé. Il y a de quoi : quand Martin voit son toutou disparaître, il comprend à quel point lui-même disparaîtra quand il sera trop usé. C'est sérieux...

Quand il allume le téléviseur, l'enfant de deux ans est sûr que c'est lui qui fait apparaître les petits personnages. Mais oui, puisque c'est lui qui a tiré sur le bouton! Il est encore un magicien.

Les expériences des trois premières années de la vie d'un enfant sont presque immédiatement oubliées par l'enfant qui grandit et qui devient un adulte. Souvent, les adultes sont aussi fascinés que terrorisés face à ce monde : ils sont comme Gulliver au pays des Lilliputiens. Le récit de Gulliver est pourtant cohérent. Il fait du **sens**, alors que le monde d'un enfant de deux ou trois ans est encore désordonné.

L'enfant retrouve sa forme de pensée dans les contes de fée : il peut y résoudre divers problèmes et vivre des émotions qui autrement seraient inacceptables. Les bons et les mauvais personnages de l'histoire représentent les pôles de ce qu'il ressent. De plus, l'histoire en général commence mal et finit bien : l'enfant comprend qu'il existe des moyens de faire face à l'adversité. Il peut vivre en toute quiétude la jalousie et l'envie, la peur d'être abandonné, la colère et la tristesse, etc. Les contes de fée, c'est la pensée magique en concentré.

Parce qu'il est magicien, l'enfant de deux ou trois ans vit dans le règne du «je veux». Mais c'est un «je veux» magique, omnipotent, qui a bien de la difficulté à accepter d'attendre pour obtenir la crème glacée qu'il désire. Puisqu'il veut de la crème glacée, celle-ci devrait arriver assez vite, sans qu'il soit nécessaire que maman descende jusqu'au congélateur. Même si maman est occupée à donner à manger au plus jeune, l'enfant-magicien s'impatiente car cette réalité ne correspond pas à la vision qu'il a des choses.

L'enfant s'invente aussi des personnages. Il est le bon, le gentil. Celui qui dit la vérité, qui partage ses jouets et ses livres avec son frère ou sa soeur. Les pas gentils, les méchants, les menteurs sont forcément d'autres personnes. Les mauvais côtés des parents sont associés aux vilains personnages des contes (la méchante sorcière de *Hansel et Gretel* qui voulait les jeter dans le feu, le loup du *Petit Chaperon rouge*, la belle-mère et ses deux filles dans *Cendrillon*, etc.).

La pensée magique est fondamentale. Elle ne se maintient pas totalement à l'âge adulte et pourtant elle persiste quand même tout au long de la vie, bien enfouie au fond de notre âme. Elle se met en branle toutes les nuits, quand notre sommeil nous emmène dans les contrées les plus fantaisistes qui soient. Puis quand elle croise l'autre pensée, la pensée rationnelle, n'assistons-nous pas alors à l'éclosion des plus belles oeuvres d'art, des plus vibrantes créations?

COMMENT PARLER AUX BÉBÉS

C'est à nouveau l'heure de nourrir Antoine. Hélène s'est donc installée avec lui dans un coin de la cuisine, sur la chaise berçante qui craque et qui grince. Pendant que son poupon boit, elle lui récite

de petites contines et babille avec lui doucement. Son discours n'est pas hautement intellectuel; ce qu'elle dit ressemble plutôt à des onomatopées sans queue ni tête. «Ron-ron-ron petit patapon. Tou-tou-tou lolo kiki!»

Est-il utile de parler ainsi à un bébé?

Auparavant, les études montraient que les bébés babillaient tout seuls et que ce phénomène relevait d'un développement strictement biologique. De plus, on croyait que le babillage n'avait aucun lien avec le langage qui serait parlé plus tard. On ignorait donc à peu près le babillage des bébés, tant qu'ils n'avaient pas prononcé leur premier mot.

Les connaissances et les théories ont largement changé depuis. Le babillage de bébés chinois, arabes et français présente des caractéristiques reconnaissables à l'oreille humaine, selon la langue de l'entourage du nourrisson. Le babillage des bébés n'est donc pas tout à fait le même d'une culture à l'autre. Ceci indique que l'environnement langagier exerce une influence précoce sur le type de production vocale des bébés et ce, dès l'âge de huit mois, c'est-à-dire huit semaines seulement après les premières manifestations du babillage!

Des études récentes avec des enfants malentendants démontrent que le babillage de ces enfants n'évolue pas de la même façon et présente des retards significatifs dès l'âge de huit mois par rapport au babillage des autres nourrissons. Il est donc important que l'enfant perçoive les sons langagiers de son entourage pour que le babillage devienne langue parlée.

Les adultes, lorsqu'ils s'adressent à des bébés, ont tendance à prendre un mode particulier de conversation. Ce «registre» singulier se distingue sous divers aspects. Le ton est plus élevé, l'étendue des fréquences augmente, de même que les variations dans les courbes d'intonation. Les pauses entre les phrases sont longues par rapport aux durées de ces phrases (en général deux fois plus longues). Le discours présente des répétitions marquées ainsi qu'une dominance de phrases exclamatives et interrogatives. Les mots choisis sont simples. Les phrases sont plus courtes et présentent une syntaxe simplifiée. Le contenu s'oriente surtout vers des thèmes centrés sur le bébé et la situation présente. Bref, si on s'adressait de cette façon à un adulte, on se ferait probablement demander si on se porte bien!

Pourtant, cette façon de parler à un jeune bébé est universelle et grammaticalement correcte. D'abord parce que grâce à ce langage on obtient de la part du bébé toutes sortes de réactions intéressantes. Les bébés ont une nette préférence pour ce mode de langage et ce, dès la naissance. Aussitôt que l'on s'adresse à eux sur ce mode, ils perçoivent la différence d'avec le registre utilisé entre adulte et se rendent compte que c'est à eux que l'on s'adresse. De plus, quand on leur parle comme cela, on est souvent très près d'eux et on leur propose de nombreuses expressions faciales, des mimiques et des sourires qui les intéressent au plus haut point! Les bébés sont fascinés par l'interaction avec les personnes, particulièrement au cours des six premiers mois. Au cours des six mois qui suivent, ils sont très sensibles au fait que les adultes imitent leurs propres sons; ils trouvent cela passionnant et cela les encourage à parler! Quand on imite les sons du bébé, on maintient son attention et on contribue à son apprentissage des autres sons qui eux, sont davantage associés à la langue. Il n'est donc pas inutile de parler aux bébés de cette façon.

Au cours des premières semaines, l'enfant apprend les règles de la conversation, c'est-à-dire chacun son tour! Quand quelqu'un parle, l'autre se tait et écoute, et ainsi de suite. Ensuite, c'est l'apprentissage du lien entre certaines intonations et le contexte (la prosodie) qui permet au parent de comprendre ce que veut ou ne veut pas l'enfant! Par la suite, vient l'apprentissage du lien entre certains sons et le contexte (les phonèmes). C'est ainsi que des parents peuvent comprendre que «Rkoprjsdkdjeurjsp'okporoer» signifie «J'veux mon toutou»... Enfin, l'enfant en arrive à dire ses premiers mots dans le bon contexte, par exemple «maman» ou «papa» devant la personne en question, et pas devant le chat ou le chien de la maison.

C'est à ce moment-là précisément que l'on peut commencer à parler de début du langage et uniquement à ce moment-là, parce que l'enfant utilise pour la première fois une combinaison précise de consonnes et de voyelles (ex : «maman», «papa», «lo» pour «lait») pour désigner précisément l'objet représenté mentalement. L'enfant n'utilise pas cette combinaison de sons pour d'autres stimuli. Mais avant d'en arriver là, les parents jouent un rôle crucial et offrent des occasions d'apprendre durant les premières années de vie de leur bébé en lui parlant et en jouant avec lui.

Ce fait est si simple qu'on oublie souvent tout le pouvoir qu'il a sur le développement de l'enfant et les millions d'années d'évolution qu'il a fallu pour en arriver là. Les études entreprises avec des enfants sauvages démontrent clairement que l'humain a besoin d'être entouré de ses semblables dans les premières années de sa vie pour que le langage s'acquière normalement. Il a été impossible d'apprendre à ces enfants plus que les simples rudiments d'une langue. Si un enfant n'a pas été exposé au langage humain dans les six ou huit premières années de sa vie, il semble qu'il soit presque impossible de le lui faire apprendre. La période critique pour l'apprentissage du langage se situe donc entre 0 et 6 ans.

On peut distinguer différentes étapes de développement du langage :

- De 0 à
  4 mois : gazouillis, pleurs, cris.
- De 4 à
  6 mois : prébabillage, babillage indifférencié, premiers sons ressemblant à des voyelles.
- De 6 à
  10 mois : babillage syllabique avec des consonnes et des voyelles simples («ba», «da», «ga»), répétitives («baba», «dada», «gaga»), ou bisyllabiques variées («bada», «gada»); ces syllabes constituent les premières imitations vocales; l'enfant comprend son nom; vers l'âge de 10 mois, le babillage devient plus complexe et ressemble souvent à un jargon; bébé se parle souvent quand il joue en solitaire. C'est normal : il exerce son répertoire vocal.
- De 10 à
  14 mois : c'est l'apparition des premiers mots véritables («maman», «papa», «lolo»); l'enfant comprend certains énoncés («donne à maman»).
- De 14 à
  18 mois : l'enfant apprend entre trente et cinquante mots; il véhicule de l'information. C'est l'étape du mot-phrase (holophrastique).

244

- De 18 à
  30 mois : l'enfant a acquis au-delà d'une centaine de mots et commence à faire des énoncés binaires; c'est la période télégraphique («Papa parti.», «Papa parti?», «Papa parti!»)

- De 30 à
  40 mois : l'enfant commence à produire ses premières phrases; il peut combiner plusieurs mots dans une seule et même phrase; il commence à utiliser adéquatement les pronoms personnels. C'est l'apparition du «Je» et du «Tu» que l'on distingue très nettement.

- De 40 à
  60 mois : c'est la période *philosophique*, appelée ainsi parce que les enfants à ce stade ne cessent de poser la question «pourquoi?», ce qui finit par décourager les parents qui ne savent plus comment répondre pour qu'enfin cela cesse! Autour de 60 mois (cinq ans), l'essentiel de la syntaxe est acquise. L'enfant s'exprime presque comme un adulte sur un plan strictement grammatical. Les années suivantes serviront au raffinement du comportement verbal.

Lorsque l'enfant arrive à l'école, il dispose d'un répertoire d'environ 8000 mots. Si on présume qu'un enfant de 18 mois possède 50 mots, c'est qu'il apprend en moyenne à se servir de quatre ou cinq nouveaux mots par jour jusqu'à l'âge de six ans, ce

qui constitue en réalité une tâche assez phéno-ménale.

Quelques précisions

De toute évidence, la compréhension du lan-gage précède sa production tant chez le nourrisson que chez le jeune enfant.

Il existe d'importantes différences individuel-les quant aux sons que les enfants produisent, sur-tout dans la période de transition entre le babillage et le langage; cela est normal. Il s'agit de préféren-ces individuelles d'une part, certains enfants trou-vant plus facile de dire «Badaga» que «Beudeugeu» ou «Bababi»; d'autre part, les enfants ne se retrou-vent pas dans des environnements verbaux tout à fait identiques d'une famille à l'autre, même si ces familles partagent la même langue. La variété et la richesse du vocabulaire peuvent varier beaucoup d'une famille à l'autre.

Les enfants apprennent beaucoup par imitation. Alors il est primordial d'imiter les productions vocales de son enfant pour que le développement du langage se fasse de la meilleure façon possible. Mais attention! Ces imitations doivent évoluer avec l'enfant. Imiter le babillage de son bébé de huit mois est adéquat. Imiter les erreurs grammaticales de son enfant de trois ans ne l'est plus. À partir du moment où l'enfant possède plusieurs mots, le parent peut faire ce qu'on appelle de l'expansion c'est-à-dire reproduire (imiter) l'énoncé de l'enfant en y ajoutant un élément nouveau ou grammaticalement correct. Ainsi à l'enfant qui dit : «veux lo», la mère répond : «tu veux du lait?», et le bébé reprend :«veux lait». Et ainsi de suite.

Le langage s'apprend par imitation, expansion et renforcement, car les enfants comprennent très rapidement que le langage présente de nets avantages sur la communication non verbale : ils obtiennent beaucoup plus vite ce qu'ils veulent de la part des adultes qui les entourent. C'est ce qui rend l'apprentissage du langage si motivant!

Les bébés malentendants ne babillent pas de la même façon que les bébés normaux. Cependant, il est très difficile de repérer un bébé souffrant de surdité puisque celle-ci est partielle dans la majorité des cas. Mais si on observe bien son bébé, on peut vérifier, dès l'âge de 10 mois, et bien avant dans certains cas, si ses réactions et ses vocalisations correspondent à nos tentatives de communication.

Voici un petit test facile à faire : d'abord on met en place un bruit de fond (radio, télé, laveuse, sécheuse); puis l'adulte se cache dans une pièce que l'enfant connaît bien, à une dizaine de pieds de lui; on l'appelle ensuite par son nom à plusieurs reprises, sans crier, d'une voix normale. Il faut répéter l'expérience plusieurs fois, à des heures et des jours différents. Si l'enfant ne répond pas ou très peu lors de ces essais, il est important de le faire voir par un médecin ou un orthophoniste.

Si un enfant de 15 mois n'a pas encore prononcé ses premiers mots intelligibles, là aussi il y a lieu de voir à une investigation médicale. Il ne faut pas attendre à 36 mois pour agir alors que l'enfant présente de sérieux retards de langage. Souvent ces problèmes ne relèvent pas de la surdité mais d'un trouble de la communicabilité, c'est-à-dire que l'enfant interprète mal les codes linguistiques du langage. Ceci peut avoir diverses causes : troubles affectifs, intellectuels ou neurologiques.

Plus on agit tôt avec les retards de langage, meilleures sont les chances d'un bon rattrapage. Mais les parents doivent être vigilants et, malheureusement, encore trop peu connaissent les étapes de développement normal d'un enfant, surtout en ce qui a trait au langage.

Il est important de souligner que les enfants qui souffrent d'un retard de langage ou d'une intelligence verbale inférieure à la moyenne sont ceux qui s'adaptent le moins bien à l'école, qui sont le plus facilement marginalisés et qui courent le plus de risques d'avoir des problèmes de comportement durant l'enfance et l'adolescence.

Parler à son bébé, c'est agréable et ça lui donne toutes les occasions qu'il faut pour que son babillage évolue vers le langage. C'est pourquoi il est important de l'imiter, de le renforcer et de l'inciter à parler et à apprendre de nouveaux mots par toutes sortes de jeux. Mais pour cela, il faut prendre le temps de bien connaître son bébé.

LES RÉGURGITATIONS

Hélène donne à boire à son bébé et sans cesse, elle doit l'essuyer car il régurgite souvent. C'est tellement abondant qu'on croirait presque qu'il vomit. Pourtant, il reste souriant et il continue à boire comme si de rien n'était.

Plusieurs bébés ont l'habitude de régurgiter pendant ou après leurs repas, ce qui inquiètent souvent les parents. Mais il ne faut vraiment pas confondre régurgitations et vomissements. Quand un bébé vomit, il projette une bonne quantité de nourriture en faisant des efforts douloureux. Ensuite, il est souvent maussade et boude tout aliment.

Par ailleurs, quand il régurgite, il n'y a qu'un peu de lait qui coule au coin de sa bouche, parfois mêlé de grumeaux. L'enfant garde son entrain et son appétit. Il continue à têter tranquillement son biberon.

Pour un enfant, il est tout à fait normal de régurgiter : en effet, les aliments passent par l'oesophage avant d'arriver à l'estomac. Entre les deux, il y a une sorte de valve (le cardia) qui empêche la nourriture de remonter. Chez le bébé, cette mécanique n'est pas encore au point et il arrive que le contenu de l'estomac reflue entièrement vers le haut.

Cela peut aussi s'expliquer par une trop forte pression d'air dans l'estomac du bébé qui boit trop vite. L'alimentation d'un enfant étant surtout composée de liquides, ceux-ci refluent plus facilement que les solides.

Il est vrai que certains nourrissons régurgitent plus que d'autres. Mais ce n'est pas forcément plus grave. Si l'enfant a l'air bien portant, s'il ne s'étouffe pas, s'il n'éprouve pas de problèmes respiratoires, et surtout s'il prend du poids normalement, il ne faut pas s'inquiéter.

Pour diminuer les régurgitations, on fait bien passer le rot et on place le bébé debout contre soi à la fin du repas. On évite de l'asseoir dans sa chaise car cela aggrave les débordements. Si on le couche, on l'installe sur le ventre, la tête du lit surélevée de 30 degrés. Le fait d'épaissir son lait avec des céréales ne garantit aucun succès.

Il est surtout inutile de changer de sorte de lait ou de donner des médicaments, car chez la majorité des «régurgiteurs», tout se règle spontanément entre six mois et un an. Les parents ne devraient pas se faire de bile avec cela. Les bébés se la coulent douce... même quand la goutte fait déborder le biberon!

LES ENFANTS RÉFUGIÉS

Tout près de chez Denis, il y a un petit voisin très particulier avec lequel Arthur aime beaucoup jouer. Il s'appelle Hernan et vient du Nicaragua; il est arrivé au Québec depuis six mois. Il ne parle presque pas français, mais Arthur et lui s'amusent quand même bien ensemble. De toute manière, chaque fois qu'ils jouent, le petit Hernan apprend de nouveaux mots et Arthur est bien content de jouer au professeur. Quand l'élève aura bien appris, peut-être pourra-t-il raconter à Arthur pourquoi il s'est retrouvé si loin de son pays.

On croit que d'ici quelques années, 50 p. cent de la population étudiante du Québec sera constituée d'allophones. Cela fait beaucoup de jeunes qui ont un passé, une histoire complètement différente de ce que connaissent les Québécois de souche. Bien sûr, tous ces jeunes n'arrivent pas à titre de réfugiés. Mais nombreux sont ceux qui ont vécu des histoires violentes avant de se retrouver ici. Des données émanant de l'UNICEF nous indiquent aussi que dans la majorité des conflits actuels, plus de 80 p. cent des victimes sont des civils et qu'aujourd'hui, dans le monde, les conflits ont délogé 50 millions de personnes de leur terre d'origine. Parmi ces victimes, 60 p. cent sont des enfants.

Dans une étude effectuée en psychiatrie à l'hôpital Douglas de Verdun, on a tenté d'évaluer les conséquences de conflits armés sur des enfants arrivés ici à titre de réfugiés politiques. Cette étude a été faite dans la plus grande confidentialité et il semble qu'il ait été très difficile de faire parler les familles et les enfants sur les difficultés qu'ils pouvaient éprouver. C'est souvent grâce au dessin qu'on a pu retracer certains de leurs blocages. Le silence est fréquemment le lot de ces déportés du xxᵉ siècle. Un silence que la politique et la solitude leur imposent.

En voici un exemple frappant.

Antonio Romero n'a pas 20 ans. Il a quitté le Salvador quand il avait treize ans, après que son père eut été assassiné par les Escadrons de la mort salvadoriens. Travailleur de la construction, son père avait commis l'erreur de participer à une réunion syndicale. Sa mère, qui vit maintenant ici avec Antonio et ses deux soeurs, a été torturée pendant sept mois par la police salvadorienne parce que, à titre d'enseignante, elle avait exprimé pendant ses cours ses opinions sur les droits de la personne. Sa mère garde des séquelles permanentes de la torture qu'elle a subie. Sa colonne vertébrale a été endommagée au point où parfois, l'hiver, elle n'arrive pas à marcher. Antonio est le neveu de Mᵍʳ Romero, archevêque de San Salvador assassiné par le régime militaire. Quand son père a été assassiné, Antonio était dans la maison, avec ses soeurs et la gardienne. Il a vu des hommes entrer dans le salon et commencer à bousculer son père. Pris de panique, il s'est réfugié dans la cuisine et est sorti de la maison avec le reste de la famille. Ils ont entendu les coups de feu qui ont tué son père. Ils sont tous partis chercher la mère au travail. Une fois revenus, ils ont trouvé le père mort dans la maison.

«Je ne comprenais pas ce qui se passait. Dans ma famille, tout allait bien, nous avions assez d'argent pour vivre et mes parents travaillaient. Quand je voyais à la télévision les gens qui manifestaient, je ne comprenais pas pourquoi ils faisaient cela. Je croyais que tout le monde vivait comme nous. Quand ma mère a été enlevée et torturée, on ne m'a pas dit qu'elle était en prison; je croyais qu'elle était partie en voyage dans la famille. Quand elle est revenue, on m'a expliqué l'état dans lequel elle était en disant qu'elle avait eu un accident de voiture. J'avais souvent entendu des bouts de conversation dans la cuisine entre les adultes, mais je ne comprenais pas trop de quoi ils parlaient. Quand on a tué mon père, j'ai compris que c'était très grave, mais je ne savais pas quoi faire. Nous avons reçu des lettres de menaces. Alors nous sommes partis. Pendant sept mois, tous les soirs nous déménagions. Après, nous sommes allés à Los Angeles pendant deux ans, puis nous sommes arrivés à Montréal.»

L'adaptation a été difficile : une nouvelle langue, une vie différente, des résultats scolaires décevants.

«Au début, j'avais beaucoup d'agressivité, parce qu'on ne me comprenait pas. Je ne racontais à personne ce qui m'était arrivé. Même maintenant, beaucoup de mes amis ignorent l'histoire de ma famille. Je n'aime pas en parler. J'aimais beaucoup mon père. Quand je vois des annonces à la télévision où des jeunes jouent avec leur père, je me demande pourquoi on m'a enlevé le mien.»

Pour réagir, pour ne pas s'apitoyer, Antonio a commencé à faire des tournées avec l'organisme *Tournée internationale des jeunes*, qui collabore avec *Amnistie internationale* pour faire connaître au monde les drames des jeunes qui vivent la guerre. Pour lui, c'est une façon de faire quelque chose pour empêcher que ce qu'il a vécu ne se reproduise. Il souhaite aussi faire connaître ce qui se passe au Salvador.

A-t-il peur?

«Non. Je sais que beaucoup de gens qui viennent ici continuent d'avoir peur de se faire prendre et ramener au Salvador. On m'a suivi l'été dernier. Je pense que c'étaient des agents du gouvernement salvadorien. Ma mère veut retourner au Salvador; c'est beaucoup plus difficile pour elle. Moi, maintenant, ma ville c'est ici. Je pense que je peux réussir à travailler plus facilement ici. Je comprends que beaucoup de gens ne veulent pas parler de ce qu'ils ont vécu. Parce que ça fait mal et parce qu'on a encore peur; ce ne sont pas des choses qu'on peut dire à tout le monde.»

Antonio s'en est probablement bien tiré parce qu'il a trouvé suffisamment de soutien dans sa famille pour apprendre à vivre avec son lourd héritage. Mais il semble que ce ne soit pas le cas pour tout le monde. Dans les témoignages recueillis au cours des recherches, une mère raconte qu'elle a trop de haine et de ressentiment pour pouvoir aimer même ses propres enfants. Les enfants de la guerre vivent parfois des traumatismes en répercussion du fait que les adultes de la famille n'ont jamais pu «assimiler» ces événements. Mais les gens affectés ne parlent pas, s'isolent et cherchent surtout à survivre. Il est donc difficile de les aider.

L'intensité de la réaction varie en fonction de l'âge et du type de traumatisme subi. Parfois la réaction des enfants ressemble à celle des adultes, mais parfois elle se manifeste de façon différente et assez bouleversante. Ainsi certains enfants ne réussissent pas à s'imaginer vivant plus vieux que vingt ans. Dans d'autres cas, leur imaginaire est entièrement occupé par les événements traumatisants, au point où ils ne dessinent que des situations de mort; ils sont devenus incapables d'imaginer autre chose. Les thèmes de leurs dessins et de leurs histoires sont le plus souvent violents.

Un des éléments qui compte beaucoup est le contexte dans lequel ces gens vivent leur difficile arrivée ici, la peur de ne pouvoir rester ou de se faire prendre. Très souvent, on a caché aux enfants la vérité sur ce qui se passait, sur les menaces qui planaient sur la famille. Ce silence est parfois très destructeur, les enfants comprenant confusément qu'il se passe quelque chose mais ne sachant pas comment agir. Il arrive même qu'ils se croient responsables des difficultés de la famille.

Comment se comportent ces enfants une fois ici? Ils peuvent être soit agressifs, soit très renfermés. Un passé non assumé ajouté à des difficultés d'adaptation culturelle font que les jeunes se sentent souvent mis à part. Quand on a un passé si différent, cela peut prendre plusieurs années avant de réussir à développer des affinités avec d'autres jeunes. Quand on sait que même des petits Québécois, transplantés d'un milieu à un autre, s'adaptent parfois lentement, on peut imaginer le chemin à parcourir pour les jeunes réfugiés qui ont dû se déplacer d'un bout à l'autre de la planète...

COMMENT ÇA VA?

LA TIMIDITÉ

Pendant qu'ils se lavaient les dents, Arthur et Sophie ont bavardé ensemble, devant le miroir de la salle de bain. Sophie a confié à Arthur qu'elle n'aimait pas aller aux fêtes d'enfants quand il y avait beaucoup d'invités. «Je suis gênée avec les gens que je ne connais pas.» Arthur, mis en confiance par cet aveu, lui révèle un secret qu'en général il n'ose dire à personne : «Moi, tu sais, je suis encore plus timide que toi. À l'école, chaque fois que la maîtresse me pose une question, je rougis.»

Il arrive à tout le monde d'être timide. On peut craindre la première journée d'école, être gêné de rencontrer les parents d'un ami, de sortir avec son premier «chum», de parler devant une classe... Ce ne sont pas les occasions qui manquent!

La timidité, ce n'est ni une qualité, ni un défaut. C'est un sentiment. C'est la peur de se tromper, d'échouer, d'être rejeté, d'être ridicule. C'est aussi une réponse à toutes les images de succès que l'on voit partout. L'image du héros qui ne se trompe jamais. C'est la réponse à la question «Qui suis-je?», que l'on se pose beaucoup à l'adolescence.

La pire chose à faire avec un timide, c'est de vouloir à tout prix qu'il soit sûr de lui. La meilleure chose à faire est de l'aimer comme il est et de le laisser aller. Car la timidité est un droit et un besoin. Le besoin de prendre son temps pour s'ouvrir aux autres. Le besoin de délimiter son territoire, d'établir ses distances. Cela n'est pas toujours facile.

Il faut être patient avec soi-même. Très patient. On peut se rendre à cette fête qui fait peur, mais on n'est pas obligé de rester longtemps. La prochaine fois peut-être!

Et puis les timides ne sont pas plus bêtes que les autres. Il y a des héros timides et des timides qui sont... des héros!

LA SUSCEPTIBILITÉ DES ADOLESCENTS

Depuis que Marianne est née, Marie-Claire la surnomme «Mariri» dans les moments où elle se sent affectueuse. Mais l'autre jour, Marianne s'est fâchée quand sa mère l'a appelée par son surnom devant ses amis. «Oh, arrête donc de m'appeler comme ça, j'suis plus un bébé!» Marie-Claire a été très surprise de cette réaction, car sa fille a toujours aimé les câlins et les mots tendres.

La période de préadolescence ou de la fin de la période de latence ne constitue pas en soi une étape de développement psychologique particulière. Cependant, ce qui caractérise les préadolescents est une forme d'ambiguïté quant à leur rôle et leur position par rapport à l'enfance. En effet, ils sont attirés par les adolescents et tentent d'adopter certaines de leurs attitudes. Par contre, ils ne se sentent pas tout à fait à l'aise dans cette nouvelle façon de faire, même s'ils veulent que leurs parents cessent de les traiter en enfants. De leur côté, les parents continuent à voir leur jeune comme un tout-petit, ce qui peut facilement entraîner un conflit de génération!

La première chose à faire est de prendre le temps de regarder et d'observer le jeune. L'exercice est difficile et douloureux parce qu'il oblige à reconnaître le passage des ans, ce qui souvent n'est pas très agréable.

Quand un enfant commence à quitter l'enfance, la meilleure manière d'agir avec lui est encore de le traiter comme il le mérite! C'est-à-dire en enfant quand il agit comme un enfant et en adulte dans les autres circonstances! Bien sûr, la compréhension du parent peut très bien ne pas correspondre avec l'intention du jeune, mais à partir du moment où l'effort est fait sincèrement, la communication risque de s'améliorer.

Ainsi en est-il des surnoms affectueux. Quand les enfants sont petits, on leur donne souvent des diminutifs tendres et mignons: chouchou, mon ange, trésor, ma princesse, doudou, cricri, nounours... Ces noms sont plaisants pendant des années et tout d'un coup, crac! rien ne va plus! Les enfants se mettent à refuser carrément d'être surnommés ainsi parce que ça fait bébé! Ce refus se présente souvent en présence de leurs amis. Ils ont l'impression que les diminutifs... les diminuent; surtout qu'ils risquent de se faire copieusement taquiner par la suite! Il est vrai qu'à cet âge, l'estime de soi et le prestige au sein du groupe ont plus que jamais leur importance. En tant que parent, il ne faut pas négliger cet aspect!

LA PUBERTÉ CHEZ LES FILLES

Marie-Claire discute souvent avec sa sœur Hélène de ce qui la préoccupe chez sa fille. Mais Hélène semble avoir une grande confiance en Marianne: «Elle est équilibrée et en santé. En plus, vous avez toujours parlé ouvertement de tout ce que la puberté réserve à une fille. C'est sûr qu'elle change depuis quelque temps : elle devient une adolescente.»

La puberté chez la fille ne se réduit pas au moment des premières règles. La puberté est un moment de grande effervescence. C'est une période où le corps se transforme très rapidement. Il n'y a pas que le corps qui change, la tête aussi : les rêves, les goûts, les désirs, les jeux, les amis et les relations avec les parents. C'est une période où il se produit un grand branle-bas. C'est le début de l'adolescence, la période où la personne cesse d'être un enfant, le moment où les organes sexuels se préparent à fonctionner comme ceux des adultes.

Une des questions qui préoccupent le plus les filles est de savoir quand elles auront leurs premières règles. «Est-ce que ça va arriver à l'école? En jouant avec des amis? Est-ce que ça va paraître? Est-ce que tout le monde va savoir?»

Non, il n'est pas possible de prédire la date et l'heure de la première menstruation. Cependant, la puberté n'est pas un événement unique; c'est un processus marqué de différents changements physiologiques. Il y a plusieurs signes avant-coureurs qui permettent de voir venir la puberté chez les filles.

Le premier signe est l'apparition d'un bourgeon mammaire sous l'aréole. On dit généralement que les règles suivent d'environ deux ans le début du développement des seins. L'âge moyen d'apparition de ce premier caractère sexuel se situe autour de dix ans et demi. Mais il peut débuter aussi tôt que neuf ans ou aussi tard que douze. Il arrive qu'un sein se mette à grossir plus vite que l'autre. Il ne faut surtout pas s'inquiéter ou s'imaginer qu'il n'y en aura qu'un seul. Cela est très fréquent au début. Le second sein ne tardera pas à se développer et atteindra rapidement le volume du premier.

Des rondeurs apparaissent aux hanches. Plusieurs petites filles commencent alors à se trouver grosses. Cependant, avec le temps, la taille s'affine.

Le col de l'utérus et le vagin commencent à produire des sécrétions. Plusieurs petites filles sont inquiètes lorsqu'elles voient apparaître des petites taches jaunâtres dans leur culotte. Ces pertes vaginales sont tout à fait naturelles et propres. Tout aussi propres que la salive.

Même si ces changements sont normaux, on se sent parfois mal à l'aise dans un corps qui n'est plus celui d'une enfant sans être encore celui d'une adulte. La plupart des petites filles sont préoccupées par ces changements. On se compare aux amies : certaines ont leurs règles très tôt, à l'âge de 11 ans. Elles sont souvent surprises par l'apparition de ces règles. D'autres, par contre, n'ont leur première menstruation que vers l'âge de 14 ans et s'inquiètent entre-temps de savoir si elles sont normales. L'âge moyen des premières règles est de 12 ans et demi. Mais on peut avoir sa première menstruation aussi tôt qu'à 10 ans ou aussi tard qu'à 15 ans et être absolument normale.

Questions et réponses

La menstruation survient après une série de changements à l'intérieur de l'utérus. À la puberté, les ovules s'éveillent et commencent à grossir. Chaque mois, un ovule se détache de l'ovaire pour se rendre vers l'utérus : c'est l'ovulation. Pendant cette période, qu'on appelle un «cycle», l'utérus a préparé une paroi spéciale pour accueillir l'ovule. Quand il n'y a pas fécondation de l'ovule par le spermatozoïde, la paroi devient inutile et s'écoule d'elle-même à l'extérieur. C'est la menstruation. Le flux menstruel se compose de sang et des débris de cette paroi, qu'on appelle l'endomètre.

- Combien de temps durent les règles?

   Les règles durent en général de deux à huit jours.

- Combien de fois une femme a-t-elle ses règles?

   De façon générale, une femme a un cycle qui dure de 20 à 40 jours. Cependant, dans les deux premières années qui suivent l'apparition de la première menstruation, il est très fréquent que les cycles soient irréguliers et longs. Ils peuvent durer de deux à six mois. Cela est tout à fait normal.

- Est-ce qu'il s'écoule beaucoup de sang à chaque menstruation?

   Non, en fait une menstruation régulière représente de trois à six cuillerées à soupe de sang. Ce n'est pas beaucoup. Cela peut avoir l'air plus abondant parce que le sang s'étend sur les tampons ou sur les serviettes, tout comme une goutte d'eau s'étend rapidement sur un papier mouchoir.

- Est-ce que les autres peuvent savoir qu'une femme a ses règles?

    Bien sûr que non. Les règles ne s'accompagnent d'aucun signe physique extérieur. Les serviettes ou les tampons qu'on utilise ne se voient absolument pas à travers les vêtements.

- Est-ce qu'une femme qui a ses règles peut faire toutes les activités qu'elle veut?

    Certaines femmes sont incommodées par des douleurs au ventre ou dans le bas du dos pendant leurs règles, et d'autres ne ressentent absolument rien. Ces douleurs leur enlèvent parfois le goût de faire certaines activités. Cependant, cela ne veut pas dire du tout qu'il faille arrêter de faire de l'exercice physique. Au contraire, l'exercice contribue à diminuer la congestion qui s'installe à la période des règles. Si les douleurs sont intenses, on peut prendre un analgésique.

- Serviettes ou tampons hygiéniques?

    Il existe toutes sortes de serviettes et de tampons que l'on peut choisir en fonction de la quantité du flux menstruel et du confort désiré. Le sang menstruel en soi n'a pas d'odeur, mais lorsqu'il entre en contact avec l'air et qu'il se décompose, une odeur apparaît. C'est pour cela qu'il est important de changer de serviette hygiénique trois ou quatre fois par jour. On évite ainsi le développement d'odeurs. Les tampons s'insèrent dans le vagin pour absorber directement le sang menstruel. Il existe différents formats. Si on désire faire l'essai de tampon, il est préférable de commencer par un format extramince ou junior. Les tampons sont plus faciles à insérer le deuxième jour des règles, lorsque le flux menstruel est un peu plus abondant. Les tampons et serviettes soi-disant désodorisants, c'est-à-dire parfumés, sont à déconseiller parce qu'ils peuvent entraîner des irritations. Il ne faut pas avoir peur d'utiliser des tampons. Ils ne briseront pas l'hymen, la petite membrane extensible située à l'entrée du vagin. Une fois introduits, ils ne se déplacent pas. Il n'y a donc aucun danger qu'ils remontent dans l'utérus ou qu'ils sortent. Toutes les activités physiques sont donc permises. Enfin, les tampons n'empêchent pas le sang de s'écouler de l'utérus dans le vagin, car on ne les applique pas directement contre le col de l'utérus.

Il ne faut surtout pas voir la menstruation comme une maladie, ou comme un fardeau envoyé du ciel! C'est le signe que les ovaires ont commencé à fonctionner normalement. C'est le début d'un processus qui amène à l'âge adulte, où l'on expérimentera les peines et les joies associées à l'expérience de la sexualité.

La puberté est un processus riche en chambardements et en inquiétudes. Il est bon de se rappeler que chacune vit cette étape à sa façon, la plupart du temps avec beaucoup de pudeur.

C'est avec tact et sensibilité qu'il faut faciliter les échanges. Il ne faut pas oublier que même si toutes ces questions ont été abordées sans aucune gêne dans le passé, la première menstruation reste toujours un moment unique et intime. Toutes les jeunes filles ne réagissent pas de la même façon; certaines préfèrent ne pas en parler et d'autres iront bien volontiers fêter avec leur maman, en copines.

LE PREMIER «CHUM» OU LA PREMIÈRE «BLONDE»

Marianne s'est fait un ami depuis quelque temps et, à deux ou trois reprises, ils sont allés ensemble au cinéma, ce qui inquiète un peu sa mère. D'abord, il conduit l'auto et Marie-Claire le trouve un peu jeune pour cela. De plus, elle craint les conséquences de cette relation pour l'éveil sexuel de sa fille. «J'espère qu'elle ne se sent pas obligée de faire quoi que ce soit», pense Marie-Claire qui voit avec angoisse sa Mariri devenir une grande fille.

Une des fonctions de l'adolescence, sur le plan psychologique et comportemental, est de faire découvrir le sexe opposé et la sexualité. Il y aurait quatre étapes de «cour» durant l'adolescence. De 13 à 15 ans, l'éveil sexuel est la période au cours de laquelle l'hostilité entre les sexes diminue et le moment où apparaissent les baisers et les attouchements (le pelotage). De 14 à 17 ans, c'est l'étape des essais et des exercices où les jeunes expérimentent une succession de relations affectives de courte durée, mais émotivement intenses. La troisième phase, de 16 à 19 ans, est celle de l'acceptation des rôles sexuels. Durant cette période, le ou la jeune vit des relations à plus long terme, ce qui augmente la fréquence des relations sexuelles. La dernière étape, de 18 à 25 ans, voit l'instauration d'une relation amoureuse durable avec un partenaire privilégié.

Dès l'âge de 15 ans, 60 p. cent des adolescents se sont adonnés au pelotage doux (sans contact avec les organes génitaux) et 30 p. cent au pelotage dur (contact avec les organes génitaux). Les jeunes commencent plus tôt aujourd'hui à se caresser mutuellement (à l'âge de 13 ans en moyenne). Conséquemment, le coït apparaît lui aussi plus tôt et sa fréquence augmente avec l'âge. Pour les filles, de 15 à 20 p. cent connaissent leur premier coït entre 13 et 15 ans et de 35 à 40 p. cent, entre 16 et 19 ans. Chez les garçons, de 25 à 30 p. cent en font l'apprentissage entre 13 et 15 ans et de 45 à 50 p. cent, entre 16 et 19 ans.

La première relation stable à l'adolescence a son importance : elle permet d'expérimenter une relation d'intimité psychologique pour la première fois avec quelqu'un du sexe opposé et du même groupe d'âge et de référence.

Dans les bandes de jeunes, on insiste souvent pour savoir qui s'est «déniaisé». Avoir vécu des rapports sexuels complets est très valorisé et prestigieux auprès des groupes de jeunes. Les raisons sont relativement similaires chez les filles et chez les garçons (prestige et popularité), mais les effets sont différents (machisme chez les garçons, soumission chez les filles). Il arrive que des adolescents subissent de fortes pressions de la part de leurs amis. C'est souvent pourquoi ils finissent par céder : pour être reconnus par le groupe, même s'ils ne se sentent pas vraiment prêts à le faire.

Quand ce n'est pas le groupe qui fait des pressions, c'est le partenaire qui y voit; ce rôle est fréquemment dévolu au garçon alors que la fille a pour fonction de résister, de mettre des limites claires à ce qui est permis ou non. C'est elle qui doit décider jusqu'où les attouchements peuvent aller.

La majorité des filles qui ont fait l'amour la première fois n'avaient pas préalablement choisi de le faire. Elles se sont parfois laissées emporter par le désir, mais c'est davantage parce qu'elles ont plus ou moins succombé aux pressions de leur partenaire du moment, avec des phrases du genre : «À quelle heure ta mère rentre? J'veux juste te tenir dans mes bras toute la nuit... J'aimerais qu'on se rappelle de cette soirée comme quelque chose de très spécial! J'te promets que j'te ferai pas mal. Si tu m'aimes vraiment tu vas le faire»...

Faire l'amour est naturel et agréable à n'importe quel âge, mais entre partenaires libres et consentants. Et ce n'est pas quelque chose d'inné. Cela s'apprend. Si on ne se sent pas prêt à jouer ce jeu-là, il est tout à fait bien de dire «non, je ne veux pas, ça ne me tente pas». Dire non, c'est se respecter et les jeunes devraient sentir qu'ils ont le droit de ne pas se sentir à l'aise. Après tout, c'est un moment extrêmement important dans la vie de quelqu'un! Pourquoi le vivre de façon médiocre, avec quelqu'un qu'on n'a pas choisi? Chaque personne est différente et pour chacune, le meilleur moment est celui qui est désiré. Il en est de même du partenaire : le meilleur est celui qui est désiré du fond du coeur. Avoir des relations sexuelles pour faire partie de la «gang», cela donne un sentiment d'appartenance, c'est vrai... Mais cela donne aussi le sentiment de s'être manqué de respect parce qu'à ce moment-là, ce sont les autres qui ont décidé!

Rien n'est plus normal que de vouloir vivre et expérimenter des relations sexuelles quand on a 15 ou 17 ans. Mais le faire sans y réfléchir un petit peu, cela risque d'être décevant et moins agréable que prévu. Il faut d'abord se demander : «Est-ce que j'en ai vraiment l'envie et le goût, avec lui, avec elle, à ce moment-ci?» Quand on achète un disque, on ne laisse pas les autres choisir à sa place...

Quelques précisions intéressantes

- Le principal critère de sélection des adolescents dans leur choix d'un partenaire est l'apparence physique, la beauté esthétique, et non pas la personnalité et le charme personnel. Les jeunes filles et les jeunes gens susceptibles de vivre des relations sexuelles précoces seraient donc ceux et celles qui sont beaux, belles et tout simplement attirants.
- Les jeunes issus de familles monoparentales et de classes socio-économiques défavorisées ont une fréquence plus élevée d'activités sexuelles.
- Une discipline familiale trop permissive ou au contraire trop restrictive favorise les relations sexuelles précoces.
- Une relation saine et positive entre un adolescent et ses parents, tout comme l'éducation sexuelle en milieu scolaire retarderait les premières relations sexuelles.
- Bien qu'il soit vrai que l'éducation sexuelle augmente l'intérêt face aux relations sexuelles, on ne peut en conclure que l'éducation sexuelle favorise une activité sexuelle plus précoce.

ÉPILOGUE

La nuit s'est bien passée. Sophie ne s'est plus réveillée, Martin n'a pas fait d'autres cauchemars. À la cuisine, grand-maman, Marie-Claire et Marianne ont bavardé pendant quelque temps; Hélène et Denis ont joué au Scrabble dans le salon, devant un feu de foyer préparé par grand-papa.

Le lendemain matin, après une bonne nuit de sommeil, le jacassement des dizaines d'oiseaux qui habitent le jardin a réveillé tout le monde. On s'est fait un déjeuner à l'ancienne : pain doré et oranges pressées.

Puis tout le monde a pris le chemin du retour. Mais on reviendra, se disent tous ceux qui y étaient. Grand-papa et grand-maman sont bien heureux de savoir que leurs enfants et leurs petits-enfants, oh oui... vont très bien!

NOTES BIOGRAPHIQUES

des chroniqueurs actuels de COMMENT ÇA VA?

Animateur
Alain Poirier, M.D.

Diplômé en biologie de l'Université McGill, le docteur Poirier a fait sa médecine à l'Université de Sherbrooke, où il a également obtenu sa spécialité en médecine interne.

Par la suite, il obtient une maîtrise en santé communautaire et un certificat de spécialiste dans le même domaine à l'Université de Montréal.

Alain Poirier a coordonné le travail de diverses équipes de prévention, au Département de santé communautaire (DSC) de l'hôpital Charles-LeMoyne et au Centre de coordination des 32 DSC du Québec. Il est actuellement directeur du DSC de l'hôpital Charles-LeMoyne et professeur adjoint à la faculté de médecine de l'Université de Sherbrooke.

Chroniqueurs
Donald Allard, pharmacien

Originaire de la Gaspésie, c'est à l'Université de Montréal que Donald a fait ses études en pharmacologie. Il est bachelier de la promotion 1983-1987 et a obtenu son diplôme en pharmacie hospitalière en juin 1988.

En plus de travailler à temps plein à l'hôpital Saint-Luc de Montréal depuis juin 1988, il a pris contact avec le public en pratiquant à temps partiel dans des pharmacies d'officines. Très engagé dans sa profession, il devient, en avril 1989, administrateur de l'Association des pharmaciens des établissements de santé du Québec (A.P.E.S.).

Marie-Dominique Beaulieu, M.D.

Généraliste en pratique active depuis 14 ans, elle exerce à la clinique de médecine familiale de l'hôpital Notre-Dame et est professeure agrégée au département de médecine familiale de l'Université de Montréal.

Depuis 1983, elle est membre du Groupe de travail sur l'examen périodique créé par le ministère de la Santé et des Services sociaux. Elle est également directrice de la recherche en médecine familiale de l'Université de Montréal.

Hélène Laurendeau, diététiste

Diplômée en nutrition, elle a terminé une maîtrise en épidémiologie à l'Université McGill. Elle collabore depuis plusieurs années aux affaires de la Corporation professionnelle des diététistes du Québec et de la Society for Nutrition Education.

Elle a rédigé une série de livres intitulés Menus des quatre saisons avec un chef cuisinier et une spécialiste de la gastronomie.

Elle travaille comme consultante pour Participaction et collabore comme chroniqueuse hebdomadaire aux nouvelles de Radio-Canada (l'édition magazine).

Danielle Perreault, M.D.

À 19 ans, Danielle Perreault, qui n'est pas encore médecin, enseigne au Togo. À son retour au pays, elle fait un baccalauréat en anthropologie. Puis elle retourne en Afrique, au Ghana cette fois, et revient au pays pour faire sa médecine à McGill. Reçue médecin, elle retourne en Afrique, en Guinée-Bissau, pour travailler en santé primaire.

Revenue au Canada, elle pratique la médecine, d'abord dans une réserve indienne cri au Manitoba, puis en Gaspésie. Danielle est maintenant omnipraticienne au CLSC Saint-Hubert, une unité de médecine familiale rattachée à l'Université de Montréal.

Marie-Ève Renaud,
éducatrice physique

Cette athlète passionnée détient un baccalauréat en éducation physique et une maîtrise scientifique en psychologie du sport de l'Université de Montréal. Elle agit comme consultante en activité physique pour plusieurs magazines et organismes privés.

Elle possède plus de trois années d'expérience télévisuelle à titre de chroniqueuse de forme physique et de santé. Elle a entre autres participé à l'émission *Coup de pouce* à Quatre-Saisons et a fait plusieurs promotions et consultations sportives à la télévision interactive de Vidéoway.

Depuis plus d'un an elle est l'éditrice et la directrice du magazine spécialisé en entraînement physique *VO2*.

Johanne Salvail, infirmière

Infirmière «soignante», elle travaille surtout dans des unités spécialisées : soins intensifs, urgence et centre des grands brûlés de l'Hôtel-Dieu de Montréal.

273

Infirmière «enseignante», elle devient monitrice à la formation où elle donne des programmes d'enseignement général et spécialisé aux infirmières de l'Hôtel-Dieu de Montréal.

Infirmière «étudiante», elle poursuit, simultanément à ses diverses fonctions, des études en gestion à l'Université de Montréal et obtient en juin 1990 un baccalauréat en sciences.

Finalement, infirmière «gestionnaire» depuis le printemps 1989, elle occupe d'abord le poste de chef du Service central de stérilisation à l'hôpital Hôtel-Dieu de Montréal et depuis tout récemment, celui de chef d'unités de soins du Centre des grands brûlés.

Diane Vachon, chirurgienne-dentiste

Diane Vachon s'est intéressée, lors de ses études en médecine dentaire, à l'odontologie judiciaire. Grâce à cet intérêt, elle deviendra, à 25 ans, la première femme consultante dentaire au pays.

Conférencière à ses heures, elle siège à l'exécutif de l'Association des consultants dentaires canadiens, et se partage entre sa pratique privée, son rôle d'examinatrice (Ordre des dentistes et Bureau national du Canada) et la présidence de Prodenco inc., une firme d'expertise dentaire et de consultation en assurance dentaire.

INDEX